PÔLES

A mes deux meilleurs compagnons de voyage,
Catherine et Guillaume.

vilo

PÔLES

Textes et photos RÉMY MARION

vilo

S O M M A I R E

POUR PLANTER LE DÉCOR ... 10

I LES ROUTES DES PÔLES ... 22

24 CAP AU NORD
La route des icebergs
La forêt boréale

42 CAP AU SUD
Les îles australes
Îles Falkland
Îles Auckland et Île Campbell
Île Macquarie
Autres îles

II ARCTIQUE 56

58 LA TOUNDRA

76 LA BANQUISE
Connaissance de la banquise
Physique de la glace de mer
La vie sur et sous la banquise

98 LE PEUPLE DES FALAISES

110 LES AURORES BORÉALES ET AUSTRALES
Les aurores expliquées
Autres phénomènes célestes remarquables

122 LE SEIGNEUR DE L'ARCTIQUE : L'OURS POLAIRE

III ANTARCTIQUE 130

132 PRÉSENTATION DU CONTINENT
B15, le plus grand iceberg du monde
Un continent record
La banquise antarctique

152 LES "TERRES" ANTARCTIQUES
Sur la péninsule antarctique
La mer de Ross
Les vallées sèches

162 UNE FLORE ET UNE FAUNE UNIQUES
Les manchots antarctiques
Les phoques et les otaries

178 LA PRÉSENCE HUMAINE EN ANTARCTIQUE

PETITE HISTOIRE DE LA PHOTOGRAPHIE POLAIRE 184

POUR PLANTER LE DÉCOR

"D'où vient l'étrange attirance de ces régions polaires,
si puissante, si tenace, qu'après en être revenu on oublie les fatigues,
morales et physiques, pour ne songer qu'à retourner vers elles ?
D'où vient le charme inouï de ces contrées pourtant désertes et terrifiantes ?"

Jean-Baptiste CHARCOT
Citation extraite de "Le Pourquoi-Pas ?" en Antarctique.

Les lumières de la fin août soulignent les glaciers mourants du Spitzberg.

POUR PLANTER LE DÉCOR

"L'étrange attirance de ces régions polaires..."

Groenland, Spitzberg, Sibérie, Antarctique... Autant de noms qui évoquent le froid, la glace et les explorateurs en perdition. Mais derrière ces noms de lieux glacés se cachent des paysages sublimes, une vie animale et végétale aux adaptations uniques, et des phénomènes naturels spectaculaires ; de quoi aiguiser la curiosité du plus grand nombre.

L'explorateur Jean-Baptiste Charcot, qui parcourut les mers des deux pôles, fut victime d'une pathologie que sa formation de médecin avait quelques difficultés à diagnostiquer : "d'où vient, disait-il, l'étrange attirance de ces régions polaires, si puissante, si tenace, qu'après en être revenu on oublie les fatigues, morales et physiques, pour ne songer qu'à retourner vers elles ? D'où vient le charme inouï de ces contrées pourtant désertes et terrifiantes ?"

Les régions polaires sont à la fois une maladie incurable et une drogue aux pouvoirs euphorisants et hypnotiques ; le poison et son antidote, en vérité. Certains philosophes ont cherché dans les pôles la métaphore d'un purgatoire terrestre où Dante viendrait disputer à Géricault la noirceur de l'âme humaine. Plus récemment, les penseurs ont trouvé sous les plus hautes latitudes le refuge de valeurs perdues : le temps, la lumière, l'horizon... Ils ont souvent caché, derrière un lyrisme facile et des adjectifs grandiloquents – esthétique, mystique, initiatique –, introspection et désarroi face à un élan primitif qui les poussaient vers une nature sauvage aux antipodes de nos sociétés et de nos habitudes.

Pour certains, la découverte des pôles a lieu confortablement installé dans le fauteuil d'un avion qui voyage entre l'Europe et l'Ouest américain. Décidé à parcourir la Californie ensoleillée, le passager découvre par le hublot un paysage fait d'une mosaïque de glace qui recouvre la mer. Parfois, c'est la calotte glaciaire du Groenland qui se laisse apercevoir, ou, mieux encore, l'embrasement verdâtre d'une aurore boréale. Alors le passager se promet qu'un jour, il ira parcourir ces étendues mystérieuses.

À la surface du globe

De retour à la maison, le voyageur consulte un planisphère qui n'est autre que la projection d'un globe dans un même plan. Là, il s'aperçoit avec stupeur que le Groenland a des proportions exagérées qui n'ont rien à voir avec la réalité, et que l'Antarctique est réduit à une frise de bas de page. Déçu, le curieux se tourne vers le globe, cet objet magique qui nous fait croire que nous pouvons être comme le géant Atlas, capables de soutenir notre planète et de la faire tourner à volonté d'un revers de main. Plantés sur l'axe de rotation, les pôles apparaissent sous un autre jour, revenus à une échelle plus raisonnable.
Plusieurs lignes marquent notre planète : l'équateur, les tropiques et deux cercles polaires. Ceux-ci sont définis par l'inclinaison de l'axe de rotation de la Terre de 23° 5' par rapport au plan de rotation autour du Soleil, appelé "plan de l'écliptique". Ces lignes imaginaires deviennent "palpables" deux fois par an. À la latitude de 66°5', le 21 juin, le soleil ne passe pas sous l'horizon dans l'hémisphère nord et pas au-dessus dans l'hémisphère sud ; le 21 décembre, c'est l'inverse.
Cette particularité offre à ces régions une lumière à la fois douce et pure. Les moindres reliefs, les plus petites plantes au raz du sol prennent une dimension extrême, comme au coucher de soleil. Le célèbre "soleil de minuit" n'est particulier que pour l'habitant des régions tempérées, quand il regarde sa montre et découvre que le soleil est encore au-dessus de l'horizon à une heure où il a normalement disparu.
Eljnar Mikkelsen, marin et explorateur danois ami de Jean-Baptiste Charcot, n'hésite pas à prendre le contre-pied de la vision romantique du soleil de minuit : "Il est possible que la vue des poètes soit plus perçante que celle d'un marin ; mais je maintiens envers et contre tous que le soleil de minuit n'est autre chose que le soleil levant ou couchant dans n'importe quel pays".

En réalité, les rayons solaires doivent traverser une couche d'atmosphère plus épaisse que celle qui est sous les latitudes proches de l'équateur. Ils touchent donc le sol avec moins d'énergie. De plus, la réflexion des rayons sur les calottes glaciaires et la banquise diminue considérablement l'énergie absorbée par les régions polaires. Ce phénomène est appelé "albédo".

La banquise soudée à la côte de la Terre de Baffin se hérisse de crêtes sous l'action des marées et des vents.

Tout cela explique pourquoi les régions polaires sont aussi des machines à faire du froid qui s'auto-alimentent : plus il y a de la glace, plus il fait froid, et inversement.

Pourtant, les cercles polaires ne définissent en rien les limites des écosystèmes polaires. Le nord de la Norvège est plongé dans le noir plusieurs mois d'hiver, or il est recouvert de forêts. La ville de Churchill, sur la baie d'Hudson, est à la même latitude que l'Écosse, or elle accueille la plus grande densité d'ours polaires. Il faut donc utiliser d'autres paramètres pour tenter de répondre à la question : "Où sont les limites des régions polaires ?"

Dans l'hémisphère sud, ce sont les courants marins qui déterminent la frontière entre la zone antarctique et le reste du monde. Un large anneau océanique isole la masse continentale antarctique de l'influence des autres continents. Ce courant aux caractéristiques physico-chimiques bien marquées crée une barrière thermique et physique, et interdit tout échange entre les grands océans tempérés et l'Antarctique.

Dans l'hémisphère nord, il est plus délicat de trouver la frontière sud de l'Arctique. Les géographes et géomorphologues se basent sur la présence du permafrost – le sol gelé en profondeur –, pour borner une zone aux caractéristiques polaires homogènes. Les ethnologues, zoologues et botanistes utilisent la limite des arbres et l'occupation humaine. Quand la forêt boréale devient toundra, quand les Amérindiens laissent la place aux Inuit, on est dans le grand Nord.

En réalité, la plus fiable des limites semble être l'isotherme des 10° C. Définie en tout point sur terre comme sur mer, en Arctique comme en Antarctique, cette ligne est tracée à partir de la moyenne des températures du mois le plus chaud, soit en juillet dans l'hémisphère nord, et en février dans l'hémisphère sud. Les mesures montrent ainsi qu'en dessous de 10° C, l'écosystème ne reçoit pas assez d'énergie pour qu'un développement normal des organismes vivants se fasse.

Joshua Illuaq, chasseur de Clyde River (Nunavut) et Audlaluk Ainalik, jeune femme de Ivujivik (Nunavik) ne se connaissent pas mais sont unis par la même histoire millénaire et aussi par le même désarroi face au changement rapide de l'Arctique.

Sur les cartes

Mais revenons à notre voyageur curieux des pôles. Comme il est beaucoup plus aisé de se repérer sur une carte que sur un globe, utilisons au moins la bonne projection.

La plus fidèle représentation graphique des régions polaires prend comme repère le pôle lui-même ; c'est une projection dite "polaire". Les régions arctiques deviennent alors un vaste océan avec des archipels saupoudrés sur sa périphérie, tandis que l'Antarctique apparaît comme une masse continentale compacte, prolongée par une élégante péninsule pointée vers l'Amérique du Sud.

Sur ces cartes commencent à figurer des noms de lieux, sorte de litanie de noms célèbres ou inconnus, et de termes plus ou moins explicites quant aux difficultés de voyager dans ces régions : île de la Désolation, île Déception…

Mais pour la majorité, la toponymie des cartes polaires est une liste impressionnante de personnages. Capitaines et marins, mais aussi commanditaires des missions d'exploration ont donné leur nom à des caps, des baies, des glaciers et autres rochers ou îlots. Les cartes sont comme des annuaires improbables, où le glacier du 14 juillet voisine avec la baie du Roi, où les têtes couronnées partagent des terres avec les rois de l'industrie, où Charcot côtoie Carlsberg, réconciliant dans un même élan les antagonismes éternels.

Mais les explorateurs et géographes de l'Arctique ont trop souvent oublié qu'avant le passage d'un navire européen, ces espaces qui paraissaient vierges étaient habités depuis des millénaires par des autochtones, qui, eux aussi, avaient baptisé les lieux. Baie des Mouettes, île du Loup, vallée des Bonnes Chasses… La toponymie n'est plus le tableau d'honneur où sont épinglées les gloires et les conquêtes, mais une mémoire, une écriture géographiques capables de raconter des histoires à qui sait les lire. Aujourd'hui heureusement, les noms aborigènes reprennent leur droit et viennent remplacer avec beaucoup de justesse les lauriers de la gloire : Frobisher Bay est devenu Iqaluit, Fort Chimo s'appelle dorénavant Kuujuaq.

Et maintenant, partons pour les pôles !

Paul Amagoalik, guide de Resolute bay, profite des dernières lueurs d'octobre pour tenter de pêcher une omble arctique dans le lac Eleanor (île Cornwallis).

I
LES ROUTES DES PÔLES

Les grands icebergs qui dérivent sur les côtes du Labrador sont façonnés par les vagues de la grande houle de l'Atlantique nord.

CAP AU NORD

La route des icebergs

"Un iceberg ! Devant nous, un iceberg ! Image du froid ! Débris du froid ! Lingot du polaire ! Vestiges des préhistoires ! Négation du feu !"
Pourquoi se priver de cette ode à la splendeur des icebergs, lancée par Pierre Perrault dans son chef-d'œuvre "Le mal du nord" ? Les icebergs, plus encore que le reste des régions polaires, invitent au lyrisme, comme si leur monstrueuse beauté ne pouvait se décrire qu'en un florilège de superlatifs. Un auteur québécois les nomme même "les Molaires de Dieu".

Des milliers d'icebergs défilent devant les côtes du Labrador, et pourtant, aucun glacier n'a survécu à la dernière glaciation, il y a 18000 ans. Ces vaisseaux de glace proviennent de l'immense inlandsis du Groenland. Cette calotte glaciaire, épaisse de 3000 mètres en son centre, alimente les glaciers qui s'en échappent et qui s'écoulent vers la mer comme autant de fleuves de glace. Sur la côte ouest, des milliers de tonnes de glace viennent chaque jour encombrer la baie de Disko. Sans atteindre le gigantisme des icebergs tabulaires des grandes plates-formes de glaces antarctiques, certains blocs possèdent néanmoins des tailles respectables.
À la sortie de la baie, ils font d'abord route vers le nord et se font parfois piéger durant tout un hiver par la banquise de la Terre de Baffin. Au début de l'été, délivrés de la glace de mer, ils reprennent leur route cap au sud, entraînés inexorablement vers une lente destruction par le courant du Labrador à la vitesse moyenne de 3 km/h. Ils parcourront 3000 km avant de disparaître définitivement. Les énormes masses bleutées façonnées par le courant se transforment alors en de véritables vaisseaux, munis d'une étrave effilée souvent immergée et particulièrement dangereuse pour les navires, elle-même suivie d'une traînée de growlers, glaçons de la taille d'une voiture et tout aussi dangereux car ils ne sont pas toujours visibles dans la houle.

Cette sculpture aux multiples reflets est souvent maculée de traînées brunes ou noires qui sont en fait des débris morainiques arrachés à leurs lieux de naissance lors de l'avancée du glacier. Sables, graviers mais aussi rochers sont entraînés dans le voyage ; ils seront saupoudrés tout au long de la dérive, venant enrichir en sels minéraux ces eaux froides. Cet apport est d'ailleurs l'une des raisons de l'incroyable richesse marine des côtes du Labrador.
Le port de Saint-Jean-de-Terre-Neuve, situé à la même latitude que celle de Nantes, voit sa passe régulièrement obstruée par un iceberg provenant des glaciers du Groenland. Il faut environ deux ans à ces vaisseaux éphémères pour atteindre la péninsule d'Avalon, au sud de Terre-Neuve, et croiser les eaux plus chaudes qui apporteront la touche finale à leur destruction. La neige tombée il y a des millénaires sur la calotte polaire du Groenland viendra alors se mêler aux eaux de l'océan Atlantique. C'est dans cette zone de brouillard fréquent que le Titanic heurta l'un de ces géants de glace, le 14 avril 1912.

Le plus ancien récit européen qui mentionne cette côte, ou du moins son voisinage, est celui de Brendan, ce moine celte qui navigua au VIIe siècle de l'Irlande jusqu'à Terre-Neuve dans une embarcation faite de peaux de bœuf. Dans ce texte, il évoque déjà des icebergs et des épais brouillards. Après lui, ce sont les Vikings, qui, depuis leur base islandaise, rejoignirent le Groenland et la côte américaine qu'ils baptisèrent "Vinland" ; ils s'installèrent sur l'île de Terre-Neuve, à l'anse aux Meadows. Les Scandinaves, guidés par des instruments de navigation empiriques, mais grands connaisseurs des vents et des courants, ont utilisé avec une rare habileté ces éléments qui les ont portés directement vers l'ouest.

Le glacier Monaco au nord du Spitzberg fut découvert par le prince Albert de Monaco au début du XXe siècle ; rien n'a changé, excepté le retrait du glacier sur plusieurs kilomètres.

Dès 1499, un propriétaire terrien portugais, Joao Fernandes, lance une expédition pour explorer l'Amérique du Nord ; il sera suivi par les frères Corte Real, qui, en 1500 et 1501, naviguèrent vers le nord en longeant des côtes méconnues. Un nom est alors donné à ces terres aux avant-postes du continent américain : Terra del Labrador, pour honorer un lavrador, nom portugais pour désigner un propriétaire terrien.
En 1535, en approchant les côtes rocheuses et plutôt lugubres du Labrador, le Malouin Jacques Cartier nomma de façon radicale cette terre dont il ne pouvait imaginer toute l'étendue : "La terre que Dieu donna à Caïn".
Lorsque l'on quitte Terre-Neuve vers le nord, c'est pour remonter le temps. Celui des hommes qui naviguent dans ces eaux depuis 1000 ans, mais aussi les temps géologiques, retrouvant dans ces paysages les origines de la Terre. Les roches du bouclier canadien, vieilles de millions d'années, plissées sous l'action de la tectonique des plaques, ont résisté au passage des glaciers. Parfois, une strate de roche volcanique vient zébrer les plissements granitiques et nous rappelle que nous ne sommes pas si loin de l'Islande.

Le détroit de Belle-Île, entre Terre-Neuve et le Labrador, marque le passage vers les zones sub-polaires de l'Amérique du Nord. Le brassage des eaux froides en provenance du nord avec celles du Saint-Laurent, plus chaudes, crée les meilleures conditions pour la présence d'une faune marine abondante et particulièrement favorable pour les baleines. Baleine bleue, mégaptère et petit rorqual sont très fréquents, au point que les baleiniers basques s'étaient installés dès le XVe siècle dans cette région. Les fouilles du site de Red Bay ont mis en évidence une activité intense à destination du Portugal. Jacques Cartier note dans son journal : "... et n'est mémoyre de jamais avoir tant veu de ballaines que nous vismes cette journée le travers dudict fleuve".
Pourtant, le Labrador reste un désert humain. Au XIXe siècle, des communautés moraves ont tenté de sédentariser les quelques Inuits disséminés, mais les épidémies en ont eu raison. Signe encourageant de dynamisme, les habitants actuels, savoureux brassages génétiques et culturels d'Inuit, de Montagnais et de marins écossais regroupés dans une même nation nommée "Innu", réclament un statut distinct de la province de Terre-Neuve. Même sur la Terre de Caïn, les hommes peuvent vivre en paix.

Les eaux riches du courant du Labrador attirent les grands cétacés ;
Baleines à bosses, et plus rarement la Baleine bleue,
viennent se gaver de plancton avant de repartir vers les eaux tropicales pour se reproduire.

La forêt boréale

En bordure des régions arctiques s'étend la plus grande forêt du monde, la forêt boréale, appelée aussi par son nom russe "taïga". Cette antichambre du grand nord se déploie de la Finlande au Pacifique pour l'Eurasie, et au travers du Canada, du nord de la Colombie britannique au Labrador. Pays de Jack London, Fennimore Cooper, Nicolas Baïkov ou Vladimir Arseniev, régions de Trolls, du père Noël et autres esprits des bois, la forêt boréale fait partie de notre imaginaire. Forêt dense et sombre où résonne le chant des loups, elle a nourri et hébergé des générations d'Amérindiens : Cree, Dene, Chipewyans mais aussi en Eurasie les Sames, les Evenk ou les Yakoutes.

Les essences y sont variées : épinettes noires et blanches, trembles, pins et bouleaux sont répartis suivant la morphologie du terrain et l'exposition aux intempéries.
Cette vaste forêt s'est mise en place dans les immenses plaines labourées par les glaciers. Les traces des glaciations sont encore bien visibles : lacs peu profonds, tourbières, roches erratiques sont autant d'indicateurs du travail gigantesque des fleuves de glace pour modeler et transformer un paysage.

Pour pénétrer dans cette forêt dense, il faut utiliser les sentes tracées par les grands mammifères comme les ours, les élans et les caribous. Les rivières sont des voies de pénétration également très utilisées en toute saison : en canoë l'été, ou en traîneau l'hiver.
Pendant cette saison, la forêt est recouverte d'une épaisse couche de neige, un silence profond envahit l'espace, seul résonne le claquement sec des arbres malmenés par le froid intense. La faune s'est calfeutrée sous un manteau de neige ; il ne reste que les élans et les loups, les premiers fuyant devant les seconds.

La forêt boréale est le royaume de l'ours brun comme cette femelle accompagnée de ses trois jeunes de l'année, photographiée en Finlande sur la frontière russe. Le renard profitera peut-être d'une carcasse abandonnée par le loup ou l'ours.

Gélinotte, Jaseur, Bouvreuil et Cygnes chanteurs sont des oiseaux de la forêt finlandaise. Ils y reviennent avant même le dégel pour préparer la nidification.

Dès les premiers soubresauts du printemps, les oiseaux reviennent conquérir la forêt. Les cygnes chanteurs retrouvent leur lac de prédilection avant même son complet dégel. Le mésangeai, les geais et les jaseurs voltigent de branche en branche dans leur livrée des beaux jours. Les mésanges, petites boules de plumes électriques, s'égaillent malgré la température encore basse. La gélinotte sort de son tunnel de neige. Enfin, le seigneur des lieux s'ébroue après son sommeil hivernal : l'ours brun reprend sa route, débonnaire, en quête de racines ou d'une carcasse abandonnée par les loups. Les femelles sortent pour la première fois avec leur progéniture, qui découvre les arbres, les rivières et les lacs.
Dès les premières chaleurs, le sol de la forêt devient un immense marais, l'eau de fonte mal drainée restant en surface. Apparaît alors l'ennemi numéro un des mammifères de la forêt boréale : le moustique. Profitant des zones humides, les larves ont trouvé leur milieu de prédilection pour se développer. Par nuées, les moustiques envahissent les naseaux des élans, et s'attaquent au voyageur sur la moindre surface laissée à nu. La forêt leur appartient.

L'automne est l'époque de l'abondance, les tourbières se couvrent de canneberges, les airelles et les myrtilles sont partout, la plaquebière, comme une framboise jaune doré, met la dernière touche de couleur à ce paysage pointilliste. Les ours se gavent de ces baies juteuses pour passer l'hiver avec un matelas de graisse suffisant. Une tanière dans l'enchevêtrement des racines d'un grand pin fera un parfait abri pour 6 mois de jeûne et de sommeil.
Les castors préparent aussi l'hiver. Ils sont devenus les maîtres du paysage ; ils inondent ou assèchent suivant leurs besoins. Un barrage par-ci, une hutte par-là, coupant, creusant, transportant les matériaux et les réserves de nourriture, ces animaux industrieux aménagent à leur guise sans se soucier des conséquences.
Ces amphibies aux mœurs attachantes furent le moteur de la colonisation du Canada par les occidentaux. Couverts d'une fourrure constituée de longs poils de jarre et d'un poil de bourre duveteux, ils furent décimés par millions pour la fabrication de feutre destiné à la confection de chapeaux. Voilà comment une espèce animale transforme l'histoire... Les trappeurs et pourvoyeurs ont également initié le commerce des fourrures, le fameux "or mou", en exportant peaux de glouton, de renard, de lynx, et de loup par milliers. De loin en loin, les coureurs des bois, trafiquants et négociants lançaient une offensive de colonisation et s'emparaient par le troc et les relations commerciales des actuels territoires canadiens, relayant les Amérindiens au rôle de population soumise. En Eurasie, la forêt boréale est restée en partie le domaine des éleveurs de rennes, mais ceux-ci voient les forêts rongées par l'industrie du papier et la mise en place de mines ou de forages.

Les Eléphants de mer batailleurs et l'élégant Albatros à sourcils noirs sont les voyageurs au long cours des terres australes. Ils profitent des îles pour se reproduire et muer et ils ont tout l'océan pour se nourrir, pour l'instant.

CAP AU SUD

Les îles australes

Si les régions arctiques sont à notre porte, le continent antarctique en est aux antipodes. L'accès ne peut se faire qu'en bateau, à l'exception de quelques dessertes aériennes depuis la Nouvelle-Zélande pour la base américaine de McMurdo, ou depuis Punta Arenas pour la base chilienne de l'île du Roi George.

L'idéal, pour rejoindre le 6e continent et franchir les eaux agitées de l'océan austral, reste le bateau. Cet océan est animé par le plus puissant courant marin du monde, lui-même généré par un régime de vents dominants d'ouest.

Sous les effets conjugués des reliefs océaniques et de la force de Coriolis, des courants s'échappent vers le nord et viennent longer les îles australes, ce qui leur confère un climat rude très venté. L'écosystème qui découle de cet isolement et de ces conditions climatiques est marqué par l'absence d'arbres et la présence de la faune uniquement sur les côtes.

Îles Falkland

Un étranglement est bien visible entre le cap Horn et la péninsule antarctique : le passage de Drake. Agité de forts courants et secoué par de violentes tempêtes, c'est une des zones les plus difficiles à naviguer.

Ces Canards vapeur endémiques des îles Falkland ont en commun avec les Manchots de Magellan d'être incapables de voler.

L'Albatros à sourcils noirs et les Gorfous sauteurs doivent se méfier du Caracara strié qui guette la moindre inattention des adultes pour s'accaparer un poussin.

À l'est du cap Horn, un archipel de funeste renommée vient comme un point final clore l'arc de Scotia. Prolongement océanique de la cordillère des Andes et de la péninsule antarctique, il porte plusieurs noms en usage suivant la nationalité des auteurs : îles Falkland pour les Britanniques et la toponymie officielle, Malouines pour les nostalgiques de l'expansion française, ou encore Malvinas pour les Argentins. Nous utiliserons ici "Falkland", car comme des banderoles le claironnent aux frontons de certaines maisons : "Falkland's are british and beautiful".
Connu pour une guerre qui fut bien plus dévastatrice qu'une guerre en dentelles, ce groupe d'îles et d'îlots, dont la surface totale représente celle de la Belgique, est positionné à un carrefour stratégique. Pour les hommes qui les ont utilisées depuis le XVIIe siècle comme un refuge sur la route du cap Horn, ces îles étaient aussi un site d'approvisionnement en eau douce, œufs de manchots et oies sauvages.

À 500 kilomètres des côtes américaines, baignées par les eaux froides du courant des Falkland, ces îles accueillent une diversité faunique étonnante : hibou des marais et pétrel géant, cinq espèces de manchots, lion de mer austral et éléphant de mer, mais aussi des espèces endémiques comme le canard vapeur aptère ou le caracara strié.
Toute cette faune profite directement ou indirectement des ressources marines avoisinantes.
Le brassage important généré par les courants et les vents favorise également le développement d'une flore et d'une faune marines abondantes. Les mammifères marins et les manchots prélèvent leur bol alimentaire dans les réserves de calmars ou de poissons ; les oiseaux terrestres s'abritent dans le couvert végétal enrichi par les apports organiques des précédents. Ainsi va le cycle bio-géochimique de ces îles du bout du monde.
La couverture végétale terrestre constituée à l'origine par du tussock, graminée particulièrement bien adaptée à la vie littorale, a malheureusement beaucoup souffert des activités humaines. L'introduction du mouton, véritable catastrophe écologique planétaire conjuguée au feu déclenché par les chasseurs d'otaries, a réduit de façon drastique les zones occupées par le tussock, qui constitue à l'égal des forêts tempérées un véritable biotope à lui seul.

Îles Auckland et Campbell

Une autre partie du continent antarctique peut être visitée par bateau : la mer de Ross.
Découverte par l'explorateur James Clark Ross en 1842 qui lui donna son nom, cette grande baie offre un accès privilégié au reste du continent. Pour atteindre le cap Adare, porte d'entrée de la baie, il faut naviguer six jours depuis Christchurch, en Nouvelle-Zélande, ou depuis Hobart, en Tasmanie, et traverser un barrage de dépressions où l'aiguille du baromètre-enregistreur vient flirter avec le bas de l'échelle.

Sur la route maritime empruntée par quelques navires de ravitaillement et deux ou trois bateaux de croisières, se trouvent quelques îles au patrimoine naturel unique. Leur isolement, leur position dans des eaux agitées et battues par les vents sont à l'origine de cette richesse. Ainsi au sud de la Nouvelle-Zélande, deux archipels viennent se perdre dans la houle profonde : Campbell et Auckland. C'est dans ce groupe d'îles que Jules Verne, jamais en retard d'une découverte géographique, plaça l'action de son roman Les Enfants du capitaine Grant.

Le Choux austral, le Lion de mer de Hooker et l'Albatros royal (double page suivante) ont trouvé leur dernier refuge sur l'île Campbell. Perdue dans l'océan et les brouillards, cette île est un sanctuaire pour la nature australe.

Ces îles volcaniques très isolées n'ont été découvertes qu'au début du XIXe siècle. A l'abri des apports humains, elles possèdent une flore très diversifiée et accueillent un certain nombre d'espèces endémiques.
Auckland bénéficie encore d'un climat océanique et accueille aussi bien des perroquets que des pétrels géants, des albatros, des manchots à œils jaunes et des lions de mer. Façonnés par le vent, les quelques arbres qui forment une forêt miniature sont torturés et noueux. Des naufragés y ont trouvé refuge au XIXe siècle.

Plus au sud, Campbell est creusée de profonds fjords, le climat y est déjà beaucoup moins clément, la végétation est constituée essentiellement de tussock et de magnifiques plantes aux fleurs violettes.
Au sommet de l'île principale, souvent emprisonné dans une chape de brouillard, les albatros royaux dont Campbell accueille la plus grande colonie au monde, nichent à même le sol. Ces grands oiseaux, les deuxièmes par la taille après l'albatros hurleur, ont besoin du vent pour décoller. Ici, ils sont servis.
Comme sur d'autres îles subantarctiques, l'importation d'espèces fut une catastrophe. Les moutons, les lapins et autres chats sont parmi les plus grandes catastrophes écologiques de notre planète. Les premiers s'attaquent à une végétation fragile et les seconds aux nichées de manchots.

Lion de mer austral et éléphant de mer ont attiré des armadas de phoquiers dans ces îles perdues, comme les manchots royaux et les gorfous de Schlegel, endémiques de l'île Macquarie, ils étaient massacrés pour faire de l'huile.

Ile Macquarie

Plus à l'ouest, au sud de la Tasmanie, l'île Macquarie se situe sur une faille tectonique. Cette position occasionne de nombreux tremblements de terre. Des albatros traversent le ciel, poussés par des vents violents, les averses se succèdent à un rythme soutenu.
Sur cette île vivent des milliers de manchots, principalement le manchot royal, et une espèce endémique appelée le "gorfou de Schlegel", ainsi que de nombreux éléphants de mer. Attirés par cette source de graisse facile à exploiter, les phoquiers sont arrivés sur Macquarie dès 1811. Ils ont massacré des milliers d'otaries à fourrure puis se sont attaqués au cheptel d'éléphants de mer, réduisant la population de 70 %. Simultanément, ils ont détruit avec application les manchots. Heureusement, l'action efficace de l'explorateur polaire Douglas Mawson pour arrêter le massacre fut suivie des faits : l'île Macquarie est devenue l'un des endroits les plus protégés au monde. Seule une poignée de scientifiques vivent sur l'île et l'accès à des visiteurs extérieurs est restreint à des zones très limitées, suivant un code d'accès très précis. Comble de l'ironie, les chaudières abandonnées par les chasseurs de manchots sont restées au milieu de la colonie, trônant comme un obélisque témoin de la folie des hommes.

Autres îles

D'autres îles ou archipels sont saupoudrés dans les eaux australes : Crozet, Amsterdam, Kerguelen, Heard, Marion, Bouvet et la Géorgie du Sud. Toutes ces terres, qui, à des degrés différents, possèdent des climats et des populations animales proches des précédentes, sont beaucoup plus isolées et loin des routes maritimes qui relient le continent antarctique. Elles ne sont peuplées que de chercheurs et du personnel nécessaire au maintien de bases météorologiques et scientifiques. Elles deviennent de véritables laboratoires qui étudient un patrimoine biologique unique mais particulièrement fragile. Les bases maintiennent également une présence dans ces eaux poissonneuses apte à attirer les convoitises de nombreuses pêcheries.

L'île Macquarie accueille l'une des plus grandes populations de Manchots royaux au monde.
Les débarquements de visiteurs sont très limités pour laisser la faune en paix.

II
ARCTIQUE

LA TOUNDRA

Quand la taille des arbres, des épinettes noires en général, devient inférieure à la taille d'un homme (environ 1,8 m), et que ces arbres se dispersent dans le paysage comme des balises frontalières, la forêt boréale laisse la place à la toundra. Ces "gardiens des terres stériles", comme l'écrivait Samuel Hearne qui suivit cette ligne vers l'océan arctique en 1775, sont façonnés par le vent qui transporte des cristaux de glace et de la neige. Leurs basses branches protégées par la couverture neigeuse s'étalent telles une crinoline au pied d'une élégante ; plus haut, il ne subsiste que des rameaux sous le vent comme un étendard effiloché. Au-delà de ces gardiens centenaires, la toundra offre un paysage de genèse, où l'espace défie les repères et les proportions. Les paysages du haut arctique sont si proches de ceux de la naissance de notre planète que les spécialistes des recherches spatiales vont y tester les outils des futures missions d'explorations vers Mars, par exemple. Rabotée par les glaciers, façonnée par le gel, polie par les vents d'hiver, la toundra arctique offre une diversité naturelle limitée, mais où les prodiges de l'adaptation ont fait merveille.

Toundra. Sous ce nom d'origine russe se cache une steppe rase et peu productive implantée sur un sol gelé en profondeur : le pergélisol, ou permafrost.
À la disparition des glaciers, qui commença il y a 18 000 ans, le sol libéré est colonisé par des plantes pionnières qui devront se contenter de la couche active du permafrost. Ces plantes ont survécu dans des régions plus tempérées en bordure du grand inlandsis arctique, et, avec la disparition des glaciers, des plaines immenses s'ouvrent à leur expansion.
Ainsi, à demi enfoncée dans le sol mou, une mâchoire de baleine franche forme un bouclier pour la reconquête de la végétation face au blizzard, protégeant la saxifrage penchée ou le cranson officinal dont les graines seront autant de grappins pour partir à l'assaut des sables et des graviers.

Ailleurs, une anfractuosité entre deux blocs erratiques déposés par le glacier permet à l'épilobe ou au pavot arctique de profiter des roches comme accumulateurs de chaleur. La température de surface est bien supérieure à celle que l'on enregistre quelques dizaines de centimètres plus haut, c'est pourquoi les saules arctiques étalent sur le sol leurs frondaisons.
L'observateur doit se coucher à terre, tel Gulliver prisonnier des Lilliputiens, pour apprécier les plantes de la toundra. Après avoir écrasé des forêts de saules et foulé des champs de cassiopes aux pet tes clochettes élégantes, il découvre un jardin miniature aux multiples facettes ; des coussins durs comme des carreaux de dentellières, sur lesquels sont parsemées des rosettes écarlates : les silènes acaules. À l'intérieur de la touffe, un microclimat s'installe, permettant aux tiges de drainer vers les fleurs les éléments nutritifs à une température supérieure à celle de l'air. La tige de la pédiculaire, quant à elle, est ourlée d'un fin duvet, comme une fourrure délicate et protectrice, permettant à celle-ci de déployer des fleurs complexes dans un milieu où la simplicité est la base de la survie.
Toutes ces adaptations vont ainsi permettre à ces plantes de survivre. Durant le bref été arctique, elles doivent exposer à la lumière continue le maximum de surface pour capter l'énergie nécessaire à la photosynthèse et à leur reproduction.
De loin en loin, les mousses se développent grâce aux nappes d'eau superficielles, résultat de la fonte de la neige sur un sol étanche. Le visiteur de la toundra est invité à laisser – et à ne laisser que cela ! – ses traces de pas dans ces mousses spongieuses, épaisses comme la moquette d'un grand hôtel.
L'alternance du gel et du dégel, sur une épaisseur d'un à deux mètres, a de nombreuses répercutions sur la morphologie des sols. Dans un premier temps, les craquelures laissent s'infiltrer l'eau de fonte qui, en gelant, va augmenter de volume et expulser vers la surface les galets et graviers contenus dans le sol. Un réseau de petites crêtes va ainsi se former, délimitant des polygones de taille variable, avec en périphérie des roches, et, au centre de la boue, comme si un jardinier avait disposé des petits cailloux pour créer une mosaïque de petits jardinets de 10 mètres de diamètre ou plus. Ailleurs, sur les pentes rabotées par l'écoulement des glaciers, le gel a fractionné les moindres roches et créé des éboulis vertigineux. La gélifraction fend, éclate et fractionne chaque pierre pour la réduire à sa plus simple expression.
Ces phénomènes ont des conséquences visibles sur l'espace environnant. En bord de mer, par exemple, on peut observer aisément le rebond, mouvement isostatique lié à la disparition des glaciers. Libérée de cette masse considérable, la croûte terrestre reprend sa position initiale et modifie les contours des terres émergées en faisant surgir de nouvelles plages et des terrasses sous-marines. À plusieurs dizaines de mètres d'altitude, des squelettes de baleine et des coquillages par milliers témoignent de ce mouvement ascensionnel qui peut atteindre, dans certaines parties du Svalbard, 100 cm par siècle.

Sur l'île d'Ellesmere, à l'extrème nord du Canada, les loups blanc vivent loin des hommes. Peu nombreux sur un territoire immense, ils se nourrissent de lièvres arctique et de boeufs musqués.

Les prédateurs de la toundra comme la chouette harfang, le faucon gerfaut ou le loup arctique ont choisi comme l'une de leur proie, le lièvre, le camouflage blanc.

*Rencontre improbable sur les rivages de la baie d'Hudson,
véritable conte de l'Arctique et cadeau pour le photographe, le Grand corbeau,
la Chouette harfang et le Renard polaire rassemblés sur un même rocher.*

Dans la baie d'Hudson, un anneau fixé à la fin du XVIIe siècle sur une roche pour amarrer les navires marchands est maintenant à plusieurs dizaines de mètres à l'intérieur des terres, et trois mètres au-dessus du niveau de la mer.

Dans ce paysage sans limite, à la végétation réduite à la taille de bonsaï, une chaîne alimentaire au nombre de maillons limité va pouvoir se mettre en place. Des oiseaux, comme le bécasseau violet ou la sterne arctique, profitent du jour permanent pour élever leurs couvées ; des rongeurs (lemmings et campagnols) grignotent les pousses de saules ; des herbivores (essentiellement les caribous et les bœufs musqués) viendront

Les derniers cristaux de glace sur le lac Hazen, au nord de l'île d'Ellesmere, permettent à la sterne arctique de guetter ses proies favorites, les jeunes ombles arctiques.

chercher un maigre repas fait de lichens ; enfin, quelques carnivores comme l'hermine, le renard polaire et le loup, feront des herbivores leur repas.

Dès la disparition de la neige, au printemps, une intense activité se développe dans la toundra : les oiseaux migrateurs arrivent du sud après un long voyage. Ils ont passé l'hiver sous des latitudes plus clémentes, parfois même en Afrique ou, comme la sterne arctique, en Antarctique. L'urgence est de mise : l'été est fugace. Ils mettent en place des nids sommaires faits de graviers, de brindilles et de plumes, la toundra ne leur offrant qu'un choix de matériaux limité. Les oiseaux limicoles utilisent leur plumage camouflé pour tenter de disparaître à la vue du renard arctique. Les femelles eiders se figent à la moindre alerte et se tassent dans leur nid douillet constitué de leur propre duvet.

En bordure des lacs peu profonds et peu poissonneux, les sternes, canards marins et autres plongeons pourront s'installer pour nicher. La plainte mélancolique du plongeon catmarin pourra alors résonner dans la toundra, il sera protégé des prédateurs ailés par l'irascibilité de ses voisines, les sternes.
Parfois, l'ours polaire, échoué sur la toundra après la disparition de la banquise, fera la visite studieuse d'une colonie d'eiders à duvet, n'oubliant aucun œuf sur son passage. Il est vrai qu'il en faut plusieurs douzaines pour nourrir un carnivore de cette taille.
Les renards polaires, toujours fébriles dans leur quête de nourriture, parcourent sans relâche la toundra à la recherche d'un nid de bécasseau ou de phalarope – qui pourra toujours simuler l'oiseau blessé pour tenter d'éloigner le prédateur – ou d'un lemming, qu'il traque à la sortie de ses galeries végétales.

Le Renard polaire, en pelage d'hiver, parcourt sans relâche la toundra à la recherche d'un rongeur ou d'un oiseau égaré avant l'hiver.

Le loup blanc, qui règne sur la toundra des plus hautes latitudes du continent américain, recherche les lièvres arctiques ou les bœufs musqués. Son territoire devra s'étendre sur des dizaines de kilomètres carrés, pour pouvoir alimenter en viande une portée de louveteaux affamés. Plus robustes, moins nombreux et camouflés pour l'hiver sous un pelage blanc permanent, les loups arctiques sont l'exemple même de l'adaptation d'un grand prédateur à un milieu pauvre et à des conditions climatiques rigoureuses.
Parfois, au hasard des déplacements dans la toundra, des murs ou des cercles de pierres étonnent le visiteur par leur régularité. À y regarder de plus près, il est possible d'imaginer que la main de l'homme a participé à ces modestes constructions. Il y a quelques milliers d'années, les premiers humains en provenance d'Asie centrale commencèrent à parcourir la toundra.

les renards polaires sans cesse en activité pour rechercher leur pitance, peuvent aussi faire de longues siestes par des températures très basses.

La végétation de toundra de l'île d'Ellesmere est peu variée mais quelques plantes pionnières arrivent à s'installer :
en haut à gauche : Potentilla rubricaulis
en haut à droite : Salix arctica
en bas à gauche : Lesquerella arctica
en bas à droite : Epilobium latifolium

Pedicularis capitata

Groupes familiaux en déplacements saisonniers, ils séjournaient sous des tentes de peaux ou des constructions à demi enterrées. Trop peu nombreux pour prendre en chasse les grands herbivores, femmes et enfants rabattaient le gibier vers les chasseurs cachés derrière les murs. Caribous et bœufs musqués fournissaient nourriture, mais aussi vêtements, couvertures, outils et combustibles.

Dès la mi-août, les oiseaux repartent vers le sud, et seuls les lagopèdes, incapables de franchir de grandes distances, tentent de subsister dans des tunnels de neige qui les protègent des tempêtes et leur donnent accès aux graines et aux bourgeons. Les mammifères herbivores et leurs compagnons de route, les carnivores, se déplacent vers des zones où la couverture neigeuse ne sera pas trop importante, en général les espaces en plein vent.

Les saules nains se parent de mille nuances de jaune ou d'orange, et leurs inflorescences, protégées par un fin duvet, préparent déjà le printemps suivant. Enfoncée dans un repli de terrain, la plante va se laisser enfouir sous la neige pour attendre l'été prochain, qui ne viendra que huit ou dix mois plus tard.

Dès les premières chutes de neige, la toundra se couvre d'une gangue de glace, emprisonnant la moindre mousse, la plus petite herbe. La nuit tombe pour plusieurs mois. La toundra a perdu son agitation, tout est figé : seul le renard polaire semble encore pressé. Son pelage marron jaune a disparu au profit d'une livrée immaculée. De son petit trot caractéristique, il recherche les caches de nourriture qu'il a dissimulées sur son territoire pendant la période d'abondance.

L'hiver, dans cette immensité, le vent sculpte et ordonne toutes choses. La végétation est devenue naine pour éviter d'offrir des prises à ses morsures mortelles. La neige tassée et gelée sera le matériau idéal pour le vent, qui édifiera de subtiles arches et des crêtes finement ciselées.

Pour le voyageur qui connaît bien l'environnement polaire, le vent dominant est un indicateur précieux qui façonne, avec la neige, un réseau de lignes de crêtes toutes parallèles entre elles, appelé "sastruggis", véritables vagues pétrifiées qui reprendront leur route à la prochaine tempête. Leur aspect, leur densité, leur amplitude sont autant d'informations inscrites dans ce livre pour l'initié qui a appris à le lire : une neige molle indique un vent d'ouest humide, une neige comme du sucre en poudre, froide et rugueuse, désigne le vent du nord.

Quand le vent souffle dans la toundra et qu'il s'unit au froid, ils forment un couple diabolique, capable de s'insinuer au plus profond de tous les êtres vivants qui s'opposeraient à leur suprématie. Seul le bœuf musqué, relique millénaire et dernier survivant des grands herbivores du Pléistocène, ose affronter la tourmente. Caparaçonné dans son manteau laineux, il peut supporter sans faiblir les blizzards. Son régime alimentaire l'oblige à s'exposer pour atteindre les lichens dégagés de la neige par le vent. Son seul ennemi, avant l'arrivée de l'homme, était le loup, et sa seule défense, face à une meute de Canidés, est de former une muraille inébranlable : les grands mâles solidement armés de cornes acérées face aux prédateurs, les petits au milieu et les femelles en arrière. Mais cette technique, qui leur permit de franchir les âges, leur fut fatale face à l'invasion des hommes armés de fusils. Une fois de plus, le voyageur occidental a eu raison de millénaires d'adaptation.

Les Sternes arctiques parcourent 40 000 kilomètres par an pour profiter des étés polaires.

▸▸ Les Linaigrettes affectionnent l'humidité des petits lacs, véritable oasis dans un paysage lunaire

LA BANQUISE

S'il est un élément qui résume à lui seul les régions polaires, c'est bien la banquise. Les poètes et les romanciers, qui l'ont en général imaginée au travers de la lecture des récits d'expédition, se sont emparés de cet état de l'eau qui devient paysage. Charles Baudelaire, Samuel Taylor Coleridge, René de Chateaubriand ou José-Maria de Heredia ont évoqué ou utilisé la banquise comme une métaphore du combat des hommes face à la vie, comme terrain d'aventures improbables, et comme siège de toutes les détresses humaines.

Matériau unique aux multiples aspects, la glace de mer surprend, fascine et inquiète. Son absence ou sa diminution sous l'effet des changements climatiques attise la curiosité de l'individu qui ne la verra peut-être jamais, comme si l'état de santé de ce repère de la nature était un panneau indicateur sur lequel serait parfois inscrit : "Attention, danger".

Le mot "banquise" apparut en 1773 ; il est construit, comme le signale le dictionnaire Robert, à partir de mots d'origine scandinave qui signifient "banc de glace". La banquise est un nom générique souvent utilisé pour décrire ce que les anglophones appellent "sea-ice" : la glace de mer. Ce terme désigne précisément ce manteau de glace qui n'est autre que le résultat de la congélation de l'eau de mer.

Au-delà des métaphores littéraires, pour pouvoir décrire la banquise avec des termes adéquats et standardisés, une nomenclature internationale a été mise en place comprenant plus de quarante termes. Elle permet aux navigateurs et voyageurs polaires d'appréhender les océans et les côtes englacés avec une idée plus précise de ce qui les entoure. Mais c'est l'expérience qui permettra aux voyageurs de décrire leur environnement. Les Inuits ont plusieurs dizaines de termes pour décrire la banquise dans ses moindres aspects, vocabulaire indispensable pour raconter une chasse réussie ou une progression difficile. Pour le pilote des glaces qui guide un navire au milieu des floes à la dérive, pour le commandant de brise-glace qui règle l'allure de ces monstrueuses machines à travers la banquise épaisse, ce sont toutes leurs années de navigation dans ce milieu unique qui orientent leurs choix.

Dès l'ouverture de chenaux dans la banquise, les eiders à tête grise reviennent dans le grand nord pour y passer l'été.

La glace à bâbord
La glace à tribord
Partout encombrait la mer pâle
Craquant et grondant,
Rugissant et hurlant
Comme une ronde infernale.

Coleridge,
La Complainte du vieux marin

C'étaient des pierres inouïes
Et des flots magiques ; c'étaient
D'immenses glaces éblouies
Par tout ce qu'elles reflétaient.

Baudelaire,
Rêve parisien

Malgré son plumage immaculé, le Goéland sénateur ou Mouette ivoire est un nécrophage qui profite des moindres débris organiques laissés sur la banquise.

Connaissance de la banquise

C'est Pythéas le Massaliote qui le premier évoque la mer gelée – "Mare congelatum" –, quand il fut porté sur les portulans quelques siècles plus tard. Il s'était aventuré le long des côtes de Norvège ou en mer Baltique ; son journal a été perdu, permettant de découvrir cet incroyable archipel flottant.
Dès le VIIIe siècle, tandis que les marins des autres pays n'osaient quitter le voisinage des côtes, les Scandinaves se lançaient déjà bravement en pleine mer, et découvraient l'Islande, puis le Groenland. Autour de ces terres, ils rencontrèrent la banquise et apprirent bientôt à connaître ses dangers.
À bord de leurs embarcations non pontées, ces fougueux marins scandinaves partirent à l'assaut des mers arctiques. Bénéficiant d'un réchauffement climatique, ils purent naviguer jusqu'à l'île d'Ellesmere, soit à plus de 80° de latitude Nord.

Fridtjof Nansen, dans l'introduction de son célèbre ouvrage "Vers le pôle", parle du texte le plus ancien qui décrit de façon particulièrement précise la banquise, un document du XIIIe siècle, le Kongespeil (ou Miroir des Rois) : "dans cette mer, il y a beaucoup d'autres merveilles, même si on ne peut pas les compter parmi les monstres. Dès qu'on est sorti de la haute mer, il y a une telle quantité de glace dans la mer, que je ne connais aucun exemple semblable ailleurs dans le monde entier. Certaines de ces glaces sont plates, comme si elles étaient formées sur l'eau elle-même ; elles ont une épaisseur de quatre ou cinq aunes et elles s'étendent si loin des terres qu'il faut quatre journées ou plus pour les traverser. [...] La nature de ces glaces est étrange. Parfois, elles restent immobiles, comme on pourrait s'y attendre avec des ouvertures qui les séparent ou des grands fjords, mais parfois, elles se déplacent à une telle vitesse qu'elles n'avancent pas moins qu'un bateau qui a un vent favorable, et elles ne vont pas moins contre le vent que dans le sens inverse du moment qu'elles se mettent à bouger. Il y a aussi, dans cette mer, des glaces qui ont une forme différente et que les Groenlandais appellent des "glaciers tombés".

Les Morses passent beaucoup de temps à se prélasser au soleil du Svalbard sur la glace ou sur le sable, ils aiment la compagnie de leur congénère.

Ils ressemblent à une grande montagne surgissant de la mer et ne se mélangent jamais avec d'autres glaces, restant toujours à part".
(*Le Miroir royal, trad. du vieux norvégien par Einar Mar Jonsson, éd. Esprit Ouvert, 1997.*)

En effet, les scientifiques du XVIIIe siècle, dans leur croisade pour tout décrire et expliquer la nature dans ses multiples facettes, tentèrent évidemment de comprendre la formation et la mise en place de la glace de mer.

Ainsi en 1884, la découverte par des Inuits au sud du Groenland d'objets provenant de la Jeannette, navire broyé par les glaces au nord de la Sibérie, intrigua un jeune norvégien, Fridtjof Nansen, (le même qui cite dans son ouvrage un extrait du Miroir royal). Fort d'une certaine expérience, il commença à imaginer une expédition aussi audacieuse que visionnaire. L'idée consistait à bloquer dans la banquise un navire spécialement conçu pour subir ses assauts titanesques, et, à partir de cette base dérivante, de tenter de rejoindre le pôle. De plus, cette expédition devait mettre en évidence la circulation générale des glaces à travers l'océan arctique. Parti de Norvège vers l'est, le Fram franchit l'actuel cap Tcheliouskin, puis se fit prendre dans les glaces dérivantes. Malheureusement, la dérive ne porta pas suffisamment vers le nord. Nansen et son coéquipier Hjalmar Johansen firent une tentative à pied vers le pôle, mais ils ne purent atteindre que 86°13' de latitude Nord, un record pour l'époque.
En revanche, les résultats scientifiques de l'expédition furent remarquables et modifièrent complètement la vision que l'on pouvait avoir de l'Arctique.

Physique de la glace de mer

L'eau douce contient une grande quantité d'ions dissous et gèle à 0 ° centigrade, ou Celsius : c'est la définition même de l'unité de température du système international. En revanche, l'eau pure se fige à 0 °C, mais sa densité augmente jusqu'à 4 °C.

La température de congélation de l'eau de mer, que l'on peut considérer comme une solution de sels dans de l'eau pure, est proche de - 1,8 °C, pour une concentration en sel de 35 g dans 1 000 g d'eau. Cette température dépend de la teneur en sel de la solution, la présence de sel abaissant le point de congélation.

Mais la congélation de l'eau de mer ne doit pas s'imaginer comme la formation d'une fine couche de glace régulière. Lorsque les molécules d'eau de mer de surface atteignent leur point de congélation, sous l'effet du refroidissement atmosphérique, leur densité augmente et les fait plonger.

Un "mouvement d'ascenseur" va alors s'initier : l'eau froide de surface s'enfonce, l'eau plus chaude des profondeurs remonte. Ce système retarde la formation de la première couche de glace en surface ; il faudra attendre un équilibre hydrostatique sur l'ensemble de la colonne d'eau avant de voir les premiers cristaux en surface. Par ailleurs, cet équilibre subit les assauts des vagues générés par les vents souvent violents à cette période de l'année. Les vagues brassent la colonne d'eau, et, par conséquent, brisent l'équilibre. Quelques cristaux en forme d'aiguille apparaissent alors en surface ; ils forment le "frazil". La mer s'épaissit comme une soupe et devient laiteuse et grise comme un sorbet. Dès le retour à une situation calme, la couche superficielle se couvre d'une première glace fine et souple, le "nilas", qui peut atteindre 5 cm d'épaisseur. Sous l'effet du vent et des courants, cette couche se fragmente et forme une multitude de crêpes. Ces "nénuphars" de glace vont se cogner, se pousser et se hisser les uns sur les autres, avant de se compacter. L'archipel devient continent. La banquise se soude à la terre ferme ; une banquette épaisse et déstructurée forme un mur de plusieurs mètres de large. Puis la banquise continue à s'épaissir au niveau de la zone de contact entre la glace et l'eau de mer.

La glace en "crêpe" est l'une des premières étapes de la formation de la banquise.

Au moment de la congélation, la plus grande partie du sel se retrouve dans l'eau de mer et fait ainsi augmenter la densité de l'eau, ce qui génère un courant important dans la circulation profonde des océans du monde. Par endroits, de grandes zones restent libres de glace. Elles sont appelées "polynies", d'un nom russe qui signifie "clairière". Elles sont générées par des courants marins verticaux qui ramènent en surface des eaux plus chaudes, lesquelles empêchent la congélation. Ces zones vont accueillir les phoques, les bélougas, les narvals qui viennent y respirer ; les ours polaires seront également attirés par ce garde-manger.

On comprend donc que la banquise ne puisse pas offrir un paysage plat et monotone. Si parfois c'est bien le cas, au fond des baies ou des grands fjords, alors généralement, des crêtes ou arêtes de compression se sont formées lors des rencontres entre les plaques de glace. Comme la tectonique planétaire, elles montent à l'assaut les unes des autres : certaines s'enfoncent alors que d'autres s'érigent. Si le phénomène est visible en surface, il faut imaginer que le relief sous-marin est parfaitement similaire et que les deux conjugués peuvent faire plusieurs dizaines de mètres d'épaisseur.

Au printemps, la neige qui recouvre la glace de mer va fondre, des petites mares se forment. Elles joueront le rôle d'accumulateurs d'énergie et accéléreront la destruction de la banquise. Le pack explosera alors en d'innombrables plaques, appelées aussi "floes", qui partiront à la dérive sous l'effet des vents et des courants. Dans certaines baies abritées ou dans certains détroits, la glace persiste ou s'accumule et peut regeler l'année suivante.

Des glaces dures, sombres et chaotiques sont le résultat de ce phénomène d'embâcles successifs. Même les plus puissants brise-glace ont des difficultés à les traverser.

Les Phoques du Groenland se regroupent le long des chenaux, dans la banquise disloquée du golfe du St Laurent, pour venir se reproduire par milliers.

La vie sur et sous la banquise

Pour beaucoup, la banquise n'est qu'un désert blanc sans vie, à l'exception peut-être des quelques ours polaires qui errent dans cet univers sans limite d'une blancheur immaculée. Mais si la banquise ne brille pas par la diversité des espèces qui ont pu s'y adapter, elle représente néanmoins, pour les océans de la planète, le support d'une ressource de vie gigantesque.

Sous la banquise se développe une véritable prairie constituée d'algues monocellulaires. Cette profusion de végétaux, étendue sur des milliers de kilomètres carrés, attire des animaux brouteurs, petits crustacés ou euphausiacés. Bien sûr, ces petits animaux constituant le zooplancton polaire représentent la base de l'alimentation des poissons, oiseaux marins, mammifères marins (phoques et baleines) qui deviennent à leur tour la proie favorite des grands prédateurs que sont l'orque et l'ours polaire.

Un oiseau blanc neige parcourt la banquise à la suite de l'ours polaire. Sa livrée immaculée, agrémentée d'un trait de rimmel verdâtre autour des yeux, ne le prédestine pas au rôle de nécrophage, pourtant, le goéland sénateur, ou mouette ivoire, est bien de ceux-là.
La banquise accueille aussi une espèce qui défie les lois de l'esthétique et de la pesanteur : le morse. Les anciens marins l'appelaient "cheval de mer". Il est vrai qu'en mer, ses violents "relevés de tête" et ruades ne sont pas sans rappeler un fougueux étalon, mais la comparaison s'arrête là. Dans l'océan, les morses voyagent en groupe sur des centaines de kilomètres, passant de la banquise à des zones d'alimentation peu profondes. Leurs grandes nageoires les propulsent avec efficacité – leur poids n'est pas un handicap –, et ils ondulent avec autant de grâce qu'ils sont flasques à terre, où la pesanteur a raison de ces sirènes aux formes généreuses. La tonne de graisse, d'os et de muscle plaque littéralement l'animal au sol. Pour se reposer ou pour muer, les morses choisissent une plage basse de gravier ou de sable et s'agglutinent dans une promiscuité étonnante. Cette incapacité à se mouvoir rapidement sur terre et cet instinct grégaire ont failli coûter très cher à l'espèce.
À partir du XVIIe siècle, des marins sont venus se procurer un matériau de grande valeur : l'ivoire. Un coup de hache sur le museau de l'animal encore vivant, et les deux défenses qui font la particularité de l'espèce vont rejoindre des milliers d'autres. Jusqu'à 600 morses ont été abattus en quelques heures par un seul équipage. Or ces canines hypertrophiées lui sont utiles pour maintenir une hiérarchie au sein du groupe, et, accessoirement, l'aider à grimper sur un bloc de glace, mais en aucun cas à se nourrir. Il utilise les 700 ou 800 vibrisses plantées sur son énorme museau pour détecter dans la vase des coquillages qu'il va ensuite aspirer.

La femelle met au monde un unique blanchon, incapable de nager. Elle doit l'abandonner sur la banquise pour aller se nourrir.

*Quand la banquise éclate en multiple floes,
il est possible de s'aventurer entre les plaques mais le brouillard fréquent,
les courants et les vents réservent cet navigation aux spécialistes.*

Ce jeune Phoque du Groenland n'a que quelques heures, il porte encore un morceau d'ombilic ; il va passer sa première nuit sur la banquise, il fait –15°C.

Si le morse n'est pas un modèle d'esthétisme, le bélouga, qui parcourt volontiers les chenaux libres de la banquise, est tout de rondeur et d'élégance, un sourire permanent aux commissures des lèvres. Loquace, il émet sans cesse une gamme inouïe de sons aigus très musicaux, au point qu'il a été surnommé "le canari des mers". L'été, les bélougas se rassemblent dans les estuaires et les zones peu profondes pour muer. À cette occasion, ils sont une proie potentielle pour l'ours polaire, qui, lui, est en période de jeûne. Comme les morses, ils ont subi l'acharnement des chasseurs, et des plages entières sont blanches de leurs ossements. Les Inuits continuent de les chasser car ils raffolent de la peau caoutchouteuse de ce mammifère marin dont les populations sont cependant en croissance.

Les narvals sont des cétacés emblématiques de l'Arctique. L'éperon torsadé, en fait une incisive hypertrophiée, fut à l'origine de la légende de la Licorne.

La banquise n'est pas l'apanage des hautes latitudes. Dans certaines régions qui ne semblent pas si polaires, elle est visible chaque hiver. La mer Baltique, coincée entre les côtes de Finlande, Suède et Russie, est presque entièrement englacée ; sa faible salinité favorise cet état. Au nord du Japon, les côtes septentrionales de l'île d'Hokkaïdo, à la latitude de Toulouse, sont bordées d'une banquise dérivante qui ralentit les activités des pêcheries mais favorisent la présence des grands aigles natifs de Sibérie : les pygargues de Steller. Aux îles de la Madeleine, situées au sud de Terre-Neuve, les grandes étendues de banquise charriées par le fleuve Saint-Laurent accueillent des millions de phoques du Groenland pour leur période de reproduction. La banquise stérile devient alors une maternité qui résonne des bêlements des blanchons qui découvrent la vie sur la glace. La présence de la glace de mer, fin février, est nécessaire aux femelles pour donner naissance à leur unique petit.

Élément indispensable à l'équilibre des régions polaires, mais aussi plus largement de l'ensemble des océans, la banquise arctique a vu son épaisseur se réduire de 40 % ces dix dernières années et sa surface totale de 5 %. Même si des variations de grande ampleur sont fréquentes à l'échelle géologique, il semblerait que cette évolution très rapide soit le fait du réchauffement planétaire. Les espèces animales qui ont dû s'adapter pendant des milliers d'années à la vie sur la banquise pourront-elles faire évoluer leur comportement aussi rapidement ?

Les Bélougas sont de grands dauphins blancs. Ils vivent principalement dans l'Arctique (à droite en baie d'Hudson),mais un petit groupe est resté depuis la dernière glaciation dans le fleuve St Laurent.

Les brumes enveloppent les falaises sédimentaires de l'île d'Akpatok (baie d'Ungava), elles masquent les centaines de milliers de Guillemots de Brunnich qui occupent chaque interstice.

LE PEUPLE DES FALAISES

Le brouillard épais généré par l'opposition de courants provenant de l'Atlantique et de l'océan arctique laisse deviner des parois vertigineuses ; la lumière diffusée comme au travers d'une cloison japonaise permet de distinguer des taches d'un vert tendre, anachroniques dans ce paysage de roche et de glace. Comme plaquée au pied des falaises, cette végétation luxuriante témoigne d'une explosion de vie dans cet univers où les oiseaux et les mammifères sont rares. L'herbe épaisse et grasse peut s'épanouir sous les pattes d'un des plus incroyables peuplements animal : une colonie d'oiseaux marins. Les déjections de milliers de mouettes, goélands et guillemots fournissent les matières organiques nécessaires à la croissance de la végétation sur ces moraines stériles. Une odeur acre envahit l'air cristallin. Des rires stridents se conjuguent à des railleries sonores pour créer une rumeur assourdissante. Kittiwake, Kittiwake, Kittiwake.

La falaise pleine d'une vie frémissante résonne des cris métalliques lancés par des milliers de becs jaune-citron : les mouettes tridactyles occupent chaque interstice, chaque surplomb de dix centimètres de large. La reproduction bat son plein.

Les petits Laridés, de la taille d'un pigeon, au dos gris bleu, au ventre blanc et à l'extrémité des ailes noire, voltigent le long de la paroi. Les mouettes tridactyles ont abandonné le grand large qu'elles affectionnent pour les falaises abruptes du littoral de l'Atlantique nord, de la mer de Beaufort ou de Barents. Elles reviennent sur les lieux de ponte au mois de juin. Les oiseaux âgés retrouvent le site occupé l'année précédente. Les jeunes couples essayent de se trouver une petite place, faute de quoi ils iront essaimer et créeront une nouvelle colonie à quelque distance. Le petit promontoire, une fois conquis avec parfois force coups de bec, sera le théâtre d'une parade nécessaire à la reconnaissance mutuelle des deux futurs partenaires. Ils synchronisent leurs cris avec des mouvements de tête, tantôt vers le vers bas, tantôt vers le ciel. Ils se becquettent et secouent leur tête avec frénésie. Les caresses cou contre cou peuvent annoncer la copulation. Le couple va alors se mettre à l'ouvrage pour construire ou consolider un nid, qui devra accueillir deux œufs, puis deux poussins exposés aux vents violents et suspendus au-dessus des vagues mugissantes. Ils réaliseront donc un nid solide et fermement scellé à la paroi. On pourrait dire, à l'aide du vocabulaire utilisé à l'heure actuelle, que c'est une construction en matériaux composites. Il est constitué d'un amalgame de boue, d'algues et de fibres. Des fientes viennent cimenter le tout. Tassée avec les pattes après chaque nouvelle couche, la construction est parfaitement compacte. Une cuvette évitera aux œufs et aux poussins de glisser vers les abîmes. Sur son minuscule éperon, la femelle pondra deux œufs d'une teinte gris bleu à brun pâle. Alors commence un exercice d'équilibriste, dont dépend la survie de la couvée. Maintenir deux œufs dans un nid sur un surplomb grand comme les deux mains, parfois situé à trente mètres au-dessus de la mer, en plein vent… Cela tient vraiment

Le Guillemot à miroir est toujours discret, il se cache dans les anfractuosités des falaises du Spitzberg.

de la performance ! Les deux partenaires se relaieront pendant quatre semaines pour assurer l'incubation. Même si la grande majorité des colonies occupe la plus haute partie des falaises, certains couples n'hésitent pas à s'installer au raz des flots, dans l'entrée d'une grotte, ou même sous la corniche d'un phare, d'une habitation. Mettre hors d'atteinte les œufs et les poussins des renards et autres mammifères terrestres prédateurs semble être le facteur essentiel pour le choix de l'emplacement du nid. Dans l'Arctique, le renard polaire, grand acrobate, arrive à atteindre les nids des plus mal logés. Il mangera la couvée, voire un adulte. Le labbe parasite, le goéland bourgmestre, le goéland marin et le grand corbeau sont tous de grands amateurs de poussins mal gardés. À l'éclosion, les jeunes resteront bien sagement blottis au fond de la cuvette protectrice, comme s'ils avaient conscience du vide. Les adultes vont se relayer pour nourrir leur couvée.

Les mouettes tridactyles se nourrissent principalement de lançons d'une longueur moyenne de six centimètres.

Les grandes falaises des îles Digges, à l'extrême nord du Labrador, sont le refuge d'un incroyable peuplement d'oiseaux marins.

Les Mouettes tridactyles, bruyantes et odorantes, profitent des 24 heures de jour de l'été arctique pour nicher.

Elles picorent à la surface les animalcules – crustacés et vers annélides – qui foisonnent dans les eaux riches et froides. Dans l'Arctique, l'activité de la colonie ne faiblit pas pendant toute la période d'élevage. Les jeunes sont alimentés en permanence par une bouillie qu'ils vont chercher dans le gosier de leurs parents ou que ceux-ci laissent glisser dans le bec largement ouvert de leur progéniture. La cohabitation des nombreux couples n'est pas sans générer quelques conflits. Un atterrissage raté peut se terminer au milieu d'un nid voisin, et là, c'est l'expulsion immédiate sans sommation. L'intrus est précipité dans le vide. Cris furieux et coups de bec viennent ponctuer cette vie grégaire.

Juste sous les étages occupés par cette population bruyante, les guillemots sont des locataires plutôt calmes. Leurs cris rauques laissent apparaître l'intérieur de leur bec jaune d'or, seule marque de fantaisie chez ces animaux à la livrée austère. Ces oiseaux de la famille des Alcidés, cousins des macareux, alques, pingouins et autres mergules nains, occupent comme les mouettes tridactyles les côtes de l'Atlantique nord et de l'océan arctique.

Toutes les espèces de pingouins sont en général noires sur le dos et la tête, blanches sur le ventre – de quoi les confondre avec les manchots de l'hémisphère sud, mais ces derniers ne volent pas. Avec un corps comme une torpille, et des ailes comme des nageoires semi-rigides, ils volent sans grâce, incapables de planer, et semblent plutôt se maintenir dans les airs. En revanche, sous l'eau, leurs ailes courtes et puissantes leur permettent de poursuivre les poissons de petite taille jusqu'à trente mètres de profondeur. Peu soucieux de réserver un emplacement confortable à sa couvée, l'adulte dépose l'œuf à même la roche sur les minuscules surplombs que les mouettes ont bien voulu lui abandonner. Sa forme particulière lui donne la possibilité de pivoter sur sa pointe, pour éviter qu'il ne roule en bas de la falaise. Serrés côte à côte, les guillemots semblent bien rangés sur les strates sédimentaires, tels des notes sur une portée. Avant la fin de l'été, le poussin devra faire le grand saut. Encouragée par les adultes, la boule de plumes noires se lance dans le vide et rebondit sur la surface noirâtre de l'océan. Les moins chanceux sont happés par un goéland opportuniste ou s'écrasent sur une corniche ; la petite dépouille désarticulée finira dans la gueule d'un renard en maraude. En périphérie de ces véritables ruches, bruyantes et odorantes, le guillemot à miroir, dont l'intérieur du bec comme les pattes est rouge vermillon, est le

plus délicat, le plus élégant de la famille. Les "miroirs" désignent en fait les grandes taches blanches de ses ailes, comme celles du postérieur du chevreuil ou du lièvre en fuite. Il vit en petites colonies clairsemées. Son sifflement, petit grincement acide, résonne dans les failles abruptes et les parois inaccessibles.
Le plus connu des Alcidés vivant dans l'Atlantique nord est sans nul doute le macareux moine, vivant en colonie populeuse sur les côtes écossaises ou galloises ; son aire de répartition se borne au nord, sur les côtes du Svalbard, du Groenland et de Nouvelle-Zemble. Petit clown de mer à l'éternel sourire figé, il forme des groupes de quelques dizaines d'individus sur les quelques falaises peu élevées surplombant directement la mer. Il possède la particularité de nicher dans un terrier ; dans l'Arctique, un abri sous roche fera l'affaire pour protéger l'unique poussin.
Les prédateurs de ces populations s'installent dans la colonie même : le goéland bourgmestre sous les toits, le renard polaire à la cave. Ils se partagent la manne inépuisable des œufs, oisillons et adultes qui tombent des parois. Les poussins du goéland et les renardeaux sont abondamment nourris, et leurs parents n'ont aucune difficulté à les alimenter à volonté. Parfois, c'est un ours polaire solitaire ou une femelle et ses petits qui s'installent au pied de la falaise. La période estivale, normalement frugale, devient le mois de l'abondance. Les ours pourront attendre la banquise et passer l'hiver dans de bonnes conditions.
Les mergules nains, plus petits représentants de la famille des Alcidés, sont aussi les plus nombreux. Leur population mondiale peut être estimée à 15 millions de couples. Ils ne vivent pas directement dans les falaises, mais plutôt dans de vertigineux éboulis stabilisés par des lichens encroûtants. Avec une taille de 22 centimètres, ils se glissent sous les rochers avec facilité. De retour de la pêche, les bajoues gonflées de petits crustacés, l'adulte a l'habitude de se poser sur la roche qui abrite les plaintes de son poussin cavernicole, avant de lui apporter sa pitance. Il semble bien que cette espèce ait bénéficié de la disparition des baleines, si nombreuses dans l'archipel du Svalbard avant l'arrivée des Hollandais. La quantité de nourriture gigantesque que les Cétacés géants ont abandonnée après leur extermination a permis l'explosion de la population de ces nains volants. Faciles à attraper avec des épuisettes, comme des papillons dans les alpages, les mergules ont été chassés de tout temps par les Inuits du Groenland. Ceux-ci se nourrissaient des œufs et mangeaient les adultes. Une recette que seuls les Inuits ou les ethnologues polis pouvaient consommer, et qui consistait à farcir un phoque avec des mergules nains non déplumés – ni même vidés –, avant de laisser le tout quelques mois sous un tas de cailloux. La chaleur de l'été aidant, le "kiviaq" était prêt, et constituait surtout une réserve de protéines importante. Les Inuits pouvaient également utiliser la peau pour confectionner des parkas.

Sur les falaises inaccessibles des nunataks, ces sommets qui semblent plantés dans les glaciers, les pétrels fulmars ont choisi l'isolement. Ils nichent en petites colonies, bien loin du remue-ménage des falaises du bord de mer. Aucun risque avec les prédateurs : des kilomètres de glace les mettent à l'abri du renard, tandis que les goélands choisissent l'abondance des colonies de mouettes. Les fulmars sont les albatros du nord. Ils planent, imperturbables, au raz des vagues, jouant avec les crêtes, lissant de la pointe de l'aile l'eau grise des fjords.
Charognards, ils traquent les moindres déchets flottants. Souvent, une goutte brille au bout de leur bec : ils éliminent l'excédent de sel provenant de leur alimentation en produisant une saumure concentrée drainée par des tubulures.

Après cette période d'intense activité, le peuple des falaises se disperse dans les étendues océanes. Les oiseaux perdent en général leur livrée élégante de la période estivale au profit d'un plumage plus terne. Ne cherchez pas, vous ne les verrez jamais au-dessus des terres. Ils reprennent leur vie pélagique, calquant leurs déplacements sur la présence des bancs de crustacés ou de poissons de petite taille (ou "sprat"). Les immatures ne reverront leur falaise natale qu'après 3 ans de voyage, souvent dans le nord-ouest de l'Atlantique pour les individus nord européens. Tous ces oiseaux seront les victimes désignées des pollueurs et des bandits des mers, clouées au pilori de la mondialisation, quantités négligeables face au profit. Dégazages et naufrages programmés tuent des milliers d'oiseaux pélagiques englués dans le fioul lourd ou l'huile toxique. Les filets de pêche vont aussi noyer nombre d'Alcidés qui pêchent dans les mêmes bancs que les chalutiers-usines.

Le Mergule nain vit dans des éboulis plus inaccessibles encore, il rentre ici de la pêche avec les bajoues gonflées.

La colonie de Ossian Sarsfjellet domine les eaux de la baie du Roi et le glacier du même nom, l'un des plus beaux sites du Spitzberg voire de l'Arctique.

▸▸ Les Macareux moines sont peu fréquents sous les hautes latitudes, ils vivent ici à la limite nord de leur répartition.

Cette aurore boréale illumine les montagnes du parc national des Glaciers en Alaska, ce spectacle a duré plusieurs heures.

LES AURORES BORÉALES ET AUSTRALES

Le soleil descend sur l'horizon, les ombres s'allongent à l'infini, le froid s'avance à pas feutré. La nuit mange le paysage. Dans le ciel profond apparaît une faible nuance verdâtre incongrue ; évanescente pendant quelques instants, la lueur commence à se déployer d'ouest en est. Comment ne pas se sentir l'âme d'un poète devant un tel phénomène naturel : "Nous marchions à la lueur du météore, dont les flammes mouvantes et livides s'attachaient à la voûte du ciel comme à une surface onctueuse" (Chateaubriand, Les Natchez, Livre III).

Un arc, ou plutôt une gigantesque arche, s'érige en quelques instants, zébrant la noirceur boréale d'un vert cru. Le spectacle commence : des lignes verticales se poursuivent avec frénésie, des draperies verdâtres ourlées de mauve s'agitent comme poussées par un vent de tempête. Après cette xcitation, le calme revient ; les arches se sont multipliées, comme pour soutenir la Voie lactée, avant un nouvel assaut qui surviendra quelques dizaines de minutes plus tard.

On peut comprendre que cet embrasement céleste ait troublé les esprits des populations confrontées à ce phénomène. Légendes et mythologies, superstitions et hystéries collectives prennent leur origine dans cet incendie du firmament, dans lequel les Scandinaves ont reconnu la chevauchée des Walkyries, ou les Inuits, les jeux de leurs parents défunts.

Dans l'hémisphère sud, les aurores australes ne sont que très rarement observées dans les zones peuplées. Les Maoris ont cependant eu l'occasion d'être confrontés à ce phénomène, certainement durant les périodes de forte activité solaire. Pour ce peuple de grands voyageurs océaniques, installé sur les îles pacifiques depuis quelques dizaines de générations, les aurores sont les reflets des brasiers entretenus par leurs ancêtres qui ont poursuivi leur route vers le sud.

Depuis l'Antiquité, les philosophes, les astronomes, les physiciens étudient le phénomène auroral pour tenter de comprendre quelle puissance peut bien embraser le ciel avec une telle intensité. Anaximène de Milet (570-526 av. J.C.) fut le premier à tenter de décrire de manière scientifique le phénomène, qui, à cette époque, faisait encore partie de la mythologie. Au début du XXe siècle, une explication put enfin être énoncée : elle est le résultat de dizaines de spéculations, de tâtonnements et de théories parfois loufoques apportant souvent à la précédente un nouvel élément de réflexion, pour aboutir enfin à l'explication la plus complète. Car les plus grands noms de la science ont tenté d'expliquer le phénomène : Aristote, Sénèque, Descartes, Cassendi ou Lomonossov se sont penchés sur la question. Mais même si le secret est désormais levé, les aurores polaires gardent de nos jours une place à la frontière de la science et de l'imaginaire.

Les aurores expliquées

Parmi toutes ces théories se trouvait cachée la véritable explication du phénomène. Chacun à leur manière, les physiciens tournaient autour de la réponse avec les connaissances et les mots de l'époque, et sentaient intuitivement que les aurores polaires étaient le résultat des relations intimes entre le Soleil et la Terre. Les orages magnétiques provoqués par le flux de particules qui constitue le vent solaire ont plusieurs influences sur notre planète et sa périphérie. L'une d'entre elles est l'excitation des atomes libres et des molécules d'oxygène et d'azote saupoudrés dans les hautes couches de l'atmosphère, entre 100 et 600 kilomètres d'altitude. À midi, les particules en provenance du Soleil sont emprisonnées par la magnétosphère terrestre, piège efficace pour ces éléments chargés d'énergie.

Volutes élégantes ou arches monumentales, l'aurore se déploie dans le ciel comme un flamboiement fantasmagorique.

Entraînées par la rotation du globe, elles se concentrent dans la queue magnétosphérique, véritable queue de comète du côté nuit de la Terre, résultat de la déformation de la magnétosphère sous l'effet du vent solaire. Aux alentours de minuit, des bouffées de particules sont libérées et viennent modifier l'équilibre électronique des traces d'azote et d'oxygène qui persistent aux limites de l'atmosphère. Quelques secondes après ce changement d'état, les atomes et molécules retournent à leur état initial, en dispersant de l'énergie sous forme de photons qui embrasent le ciel des plus hautes latitudes.

Pour les régions centrées sur les pôles magnétiques eux-mêmes, la cage magnétique étant ouverte à leur verticale, l'observation des aurores est rare. Les zones les plus touchées par le phénomène se situent entre 65 et 70° de latitude, mais cette bande de visibilité peut varier en amplitude selon l'importance de l'orage magnétique en cours. En fonction de la puissance du vent solaire, la zone où se déroule le phénomène sera de taille plus ou moins importante. Il est ainsi possible de définir un ovale auroral, sorte d'auréole centrée sur le pôle géomagnétique dont l'épaisseur peut varier. C'est pourquoi, à chaque maximum solaire, environ tous les onze ans, les aurores sont visibles à la latitude de la France.

Suivant l'altitude atteinte, les types de particules excitées et leur densité détermineront la couleur. Généralement verte, parfois rouge ou rosée, en draperie, en arche ou radiante, l'aspect des aurores peut varier en de multiples configurations. Ce phénomène lié à des pulsions d'énergie est dynamique ; les draperies lumineuses se déplacent à une vitesse supersonique pendant quelques minutes, puis se calment, pour repartir à l'assaut de la noirceur du ciel durant une autre phase d'agitation et ceci, pendant une poignée de minutes ou pendant plusieurs heures.

Cet igloo construit pour le décor sur la rivière Churchill donne une idée de l'ambiance irréelle dans laquelle pouvait se dérouler les longues nuits polaires pour les Inuit rassemblés sous ce type de construction éphémère.

◂◂ *Le soleil se couche et se multiplie grâce aux particules de glace qui flottent dans l'air, la parhélie se déploie pour une illumination de courte durée.*

Autres phénomènes célestes remarquables

Le premier phénomène notable est la transparence extrême de l'air dans les régions polaires. En l'absence de poussière et de vapeur d'eau, il est très difficile d'estimer les distances, souvent sous-évaluées. Dans le même ordre d'idée, lorsque l'air est chargé d'un brouillard de cristaux de glace, et qu'il absorbe le sol couvert de neige – ce phénomène est appelé "white-out" –, toutes les proportions disparaissent et les sens du voyageur sont brouillés. Le caillou, à quelques dizaines de mètres, devient un rocher imposant ; le moindre bruit résonne comme dans une cathédrale.

Les régions polaires reçoivent les rayons solaires obliquement, ce qui offre de multiples possibilités de réflexion et réfraction au travers de l'atmosphère chargée en cristaux de glace. Certains phénomènes sont d'ailleurs visibles sous nos latitudes, en montagne ou l'hiver. La présence de cristaux de glace en suspension dans l'air génère de nombreuses combinaisons de réfraction selon leur arrangement cristallographique. De la structure de ces

Colonnes et halos accompagnent le coucher du soleil hivernal, la rivière Churchill gèle, la toundra se fige.

cristaux et de leur densité dépendra la formation de différents types de halos. L'une des formes les plus fréquentes est appelée "parhélie" : le soleil bas sur l'horizon se multiplie, avec une image de part et d'autre de l'astre, et une autre à sa verticale suivant un arrangement géométrique appelé "cercle parhélique". Dans d'autres conditions, quand le soleil se couche et qu'il se glisse en rougeoyant sous les nuages, la lumière se réfléchit sur les cristaux de glace en suspension et forme une énorme colonne de lumière rouge orangé qui pointe vers le ciel sur plusieurs degrés.

Dans l'Arctique comme en haute montagne, les mirages sont fréquents. Il en existe pourtant une forme remarquable : la "Fata Morgana", en référence à la fée Morgane, qui vivait dans un palais de glace et signalait sa présence par des mirages. Il faut imaginer voir apparaître sur l'horizon des spectres qui barrent l'océan… Ces effets sont liés aux différences de composition des couches de l'atmosphère, et à leur extrême mobilité.

D'autres phénomènes optiques sont typiques de la banquise, comme les "ciels d'eau" (water sky), quand les zones d'eau libre donnent l'illusion d'un ciel de plomb au milieu de nuages laiteux. Ces indications peuvent orienter la navigation à travers le pack.

En novembre, la rivière Churchill commence à geler, c'est l'occasion pour cet ours de se baigner chaque matin.

LE SEIGNEUR DE L'ARCTIQUE : L'OURS POLAIRE

Les traces traversent l'iceberg fendu en son milieu. La neige humide a bien retenu ses pas. Il se dirige vers le large, guidé par son expérience et son odorat. Il va rejoindre son terrain de chasse qu'il a quitté voilà de cela quatre mois : c'est le moment pour Nanouk, l'ours polaire, de redevenir le grand prédateur de l'Arctique. Quatre mois de jeûne, c'est en fait le prix à payer pour cet animal qui se nourrit presque exclusivement de phoques. Sans la banquise, sans ce pont naturel qui le relie à son garde-manger, il doit se satisfaire d'algues, de couvées ou d'oisillons, une bien piètre pitance pour un carnivore de cette taille…

Inféodés à la glace de mer, les ours polaires sont dispersés sur les côtes de l'archipel Nord Canadien, du Svalbard, de Sibérie, d'Alaska septentrionale et au nord du Groenland. Certaines zones attirent les femelles reproductrices en grand nombre : le sud du cap Churchill, en baie d'Hudson, l'île Wrangel, au nord de la Sibérie, et le Kong Karls Land, à l'est du Spitzberg.
Les femelles gravides ne prennent pas le même chemin. Leur cycle de reproduction leur impose de chercher un emplacement idéal pour creuser leur tanière. Elles s'enfoncent à l'intérieur des terres et inspectent les banquettes de neige formées sur les rives des lacs ou les berges des torrents. La neige doit être suffisamment épaisse et dense, la pente d'environ 30 ou 35 %, l'orientation vers le sud. Tous ces paramètres reconnus en un seul lieu vont permettre à la femelle gestante de creuser un tunnel puis une chambre de 1,20 m de diamètre. Cinquante-cinq jours plus tard, deux ou trois oursons glabres et aveugles apparaîtront dans sa toison blanche. Ils ne pèsent que 500 grammes. Ils iront littéralement se "brancher" sur les tétines de leur génitrice qui leur délivrera un lait riche de 40 % en matière grasse. Durant les trois premiers mois, bien à l'abri dans la grotte de neige, les oursons vont grossir, se couvrir de poils et commencer à jouer.

En mars, les oursons ont trois mois, ils découvrent leur univers en restant au contact de leur mère. Parfois, un jeune qui a utilisé le transport maternel tombe sur la neige et rebondit comme une balle.

Un beau jour – car il faut que le soleil chauffe l'entrée de la tanière –, la femelle fait sauter le bouchon de neige qui obstrue le tunnel. La température extérieure est de -15 °C. Comme une nouvelle naissance, les oursons sortent de l'antre familial, et découvrent l'espace qui les entoure. Ils vont chaque jour passer un peu plus de temps au dehors. Ils alternent jeux, sieste et alimentation. Roulades, bousculades et explorations ne les éloignent guère de leur mère. Un chuintement à peine perceptible... et ils sont sur elle ! D'ailleurs, ils ne la laissent pas beaucoup en paix : ils lui tirent les oreilles, lui mordillent les lèvres ou sautent sur son dos. Le plus grand prédateur terrestre est une mère patiente et attentive. Après une semaine ou deux dans les alentours de la tanière, la femelle décide de prendre la route vers la banquise, parfois éloignée de 80 km. Voilà déjà huit mois qu'elle ne s'est pas alimentée, et elle a perdu 50 % de son poids. Ses jeunes pèsent maintenant une dizaine de kilogrammes ; il est temps de rejoindre les zones de chasse. Les mâles, les subadultes et les femelles accompagnées de leur progéniture ont passé l'hiver sur la glace de mer, tentant de se nourrir malgré la nuit et les tempêtes.

Les jeunes restent avec leur mère pendant un peu plus de deux ans. Ils la suivent pas à pas pour apprendre à connaître l'Arctique, leur domaine.

Sans cesse en déplacement, l'ours est un marcheur endurant. Son allure est unique : sa démarche est celle d'un danseur, malgré sa masse. Lorsqu'il s'approche à pas feutrés d'un phoque endormi sur la banquise, chaque "poser de patte" sur la neige crissante se fait avec une extrême précision. Si le phoque lève la tête pour scruter les alentours, l'ours se fige comme une porcelaine de Copenhague ; tous ses muscles le maintiennent dans un équilibre parfait. Pour franchir de grandes distances, l'ours polaire marche toujours à la même vitesse, soit 4 km/h, sans faiblir et malgré le substrat, les collines ou les arêtes de compression sur la banquise. Éternel errant, il parcourt l'espace boréen, non pas au hasard, mais à la recherche de ses proies favorites et suivant les informations que son expérience lui a permis d'accumuler. Si le juvénile explore et se disperse sur la banquise, le vieil ours va droit au but.
Pendant l'hiver, guidés par leur odorat, ils ont pu tuer quelques phoques imprudents mais la période d'abondance arrive. Chaque jour, le soleil est

plus haut sur l'horizon. Les jeunes phoques marbrés sont aussi de plus en plus nombreux, et chaque ours peut se nourrir à sa faim. Protégé par un "igloo de neige", le blanchon n'est pas à l'abri d'un ours qui saura détecter sa présence. Pesant de tout son poids, le prédateur effondre la cavité et attrape parfois le petit qui ne peut se jeter dans l'eau que sa mère a déjà rejointe. Si un ours de trois ou quatre ans a le bonheur de tuer un phoque, il doit s'empresser de le consommer avant qu'un de ses congénères plus puissants ne vienne lui ravir, sinon, il faudra qu'il recommence.
Juin est la période des accouplements. Ces animaux solitaires doivent se trouver un ou une partenaire. C'est toujours l'odorat qui va les guider les uns vers les autres. L'urine des femelles en chaleur attire les mâles. Parfois, ils sont plusieurs sur la piste d'une ourse ; une série d'intimidations, voire un combat, pourront rétablir la préséance. Puis le couple passera quelques jours ensemble, mais le géniteur ne verra jamais le résultat de ses ébats printaniers. Il repartira sur la banquise pour profiter des dernières semaines d'alimentation avant la débâcle.
L'été se passera en errance d'île en îlot le long de la côte, à la recherche d'un hypothétique repas. Quand la température s'élève un peu trop pour cet animal adapté au plus grand froid, il se baigne ou creuse le sol pour atteindre la zone gelée. Le maître-mot est "économie" : économiser les réserves de graisse accumulées pendant le printemps, pour attendre la prochaine banquise.
Ces derniers temps, au sud de l'aire de répartition des ours polaires, la banquise se disloque précocement et se forme à des dates aléatoires, augmentant d'autant la période de jeûne. Comment réagiront les ours à ces modifications rapides ? Nul ne peut le prévoir.

III
ANTARCTIQUE

◂◂ *Le mont Erebus culmine à plus de 3800 mètres au-dessus de la mer de Ross. Il porte le nom d'un navire disparu corps et biens dans le passage du nord-ouest.*

PRÉSENTATION DU CONTINENT

Avant même d'avoir approché les côtes de l'Antarctique, les géographes et les philosophes avaient déjà imaginé la présence d'une masse continentale sous les plus hautes latitudes australes. Cette hypothèse était inspirée par la connaissance des lois de la mécanique, et aucunement par des indices physiques ou biologiques. Si l'on veut se faire une idée plus précise de cette théorie, il faut se référer à l'explication que nous a laissée l'abbé Dom Pernetty, qui accompagnait Louis-Antoine de Bougainville en 1763 : "Tous les hommes qui ont étudié avec soin la théorie de la Terre, savent que cette vaste étendue qu'on nomme le "Monde austral", ne peut être occupée seulement par l'océan ; la terre est presque une fois spécifiquement plus pesante que l'eau ; et s'il n'y avait pas, dans l'hémisphère antarctique, une masse de terre qui répondit à celle de l'hémisphère arctique, le mouvement de rotation du globe serait gêné, et notre planète perdrait son équilibre".

Aujourd'hui, nous savons avec certitude que le positionnement des masses continentales qui forment le continent antarctique est régi par la tectonique des plaques, et non par les lois de l'équilibre des masses. Enfoncé sous 3 000 mètres de glace se cache en fait un archipel issu du Gondwana originel. Il y a 200 millions d'années, des fragments de cet immense continent commencèrent leur migration vers le sud en se séparant de l'actuel sous-continent indien, de l'Afrique et de l'Amérique du Sud. 150 millions d'années plus tard, l'Australie se séparait des éléments qui constituent à présent l'Antarctique. La similitude des roches, ainsi que la présence de fossiles de plantes et de reptiles que l'on retrouve également en Afrique, confirment les origines des différents blocs qui composent le socle du continent antarctique.

L'hélicoptère permet la découverte d'un monde chaotique constitué par les glaces qui s'écoulent de la calotte antarctique.

En se positionnant sur l'axe de rotation de la Terre, voilà 20 millions d'années, un courant marin mis en mouvement sous l'effet de la force de Coriolis a encerclé ces débris de continent. Cette circulation océanique a notablement réduit les échanges avec le reste de la planète ; une barrière d'eau froide et dense, conjugué à un ensoleillement limité... Il n'en fallait pas davantage : les masses continentales se sont en quelques milliers d'années recouvertes de glace et enfoncées sous l'importance de la glaciation, formant ainsi un continent désertique à l'exception de quelques zones côtières où affleurent rochers et moraines.

À l'intérieur de ce courant, les caractéristiques écologiques sont suffisamment homogènes pour permettre de définir l'Antarctique comme "l'ensemble des terres au sud de la convergence antarctique", tandis qu'au nord se trouve la zone sub-antarctique saupoudrée d'îles et d'archipels comme l'île de la Géorgie du Sud, les îles Falkland, l'île Macquarie, les îles Kerguelen, l'île Heard, l'île Marion, etc.

Cette frontière océanique est bien marquée : en entrant dans les eaux antarctiques, les albatros quittent le sillage des navires, et les pétrels des neiges, d'un blanc immaculé, prennent le relais. La température extérieure chute de plusieurs degrés. Très vite, les premiers icebergs annoncent le continent pourtant encore loin au sud, comme l'avait deviné en son temps James Cook, lors de son deuxième voyage en 1775, lorsqu'il aperçut au large des masses de glace bien plus importantes que celles qu'il avait vues dans l'Arctique. Mais il fallut attendre l'explorateur russe Fabian Gottlieb von Bellinghausen, en 1820, pour que des hommes aperçoivent les côtes du sixième continent ; et ce n'est qu'en 1895 qu'un homme y posa le pied.

Le continent antarctique peut être divisé en deux grandes régions :
- L'Antarctique occidental est caractérisé par une épaisseur moyenne de glace de 3000 mètres, la présence de deux plates-formes de glace (ice-shelf) – celle de Ross en mer de Ross, et celle de Ronne en mer de Weddell –, et la péninsule antarctique, prolongement naturel de la cordillère des Andes et de l'arc de Scotia.
- L'Antarctique oriental, vaste plateau situé à une altitude moyenne de 2300 mètres, représente à lui seul les deux tiers du continent, soit une surface équivalente à celle de l'Europe jusqu'aux limites de ses frontières orientales. L'épaisseur maximum de glace atteint 4776 mètres.
Ces deux régions sont séparées par la chaîne de montagnes trans-antarctique, créée par l'opposition des deux plaques continentales, et dont le plus haut sommet du continent, le mont Vinson, émerge à 4897 mètres.
La calotte de glace antarctique a atteint son extension actuelle il y a 13 millions d'années. Son volume est équivalent à 90 % des glaces terrestres.
La formation de la glace sur ce continent a suivi le processus classique de la création des glaciers. Les couches de neige s'accumulent année après année, en fonction du refroidissement et de l'humidité. Sous la pression des niveaux successifs, la neige se transforme en glace, suivant différentes étapes qui vont réduire le flocon de neige à l'état de grain de glace. Puis, après quelques années, la langue de glace formée se met en mouvement sous l'effet de la gravitation : le glacier est né. En fonction de son alimentation en neige, en amont, et de son ablation par fonte ou formation d'icebergs, en aval, le glacier subit des variations de volume qui provoquent son extension ou sa régression. À l'heure actuelle, si les glaciers alpins, vestiges de la dernière glaciation, sont en phase de disparition, certains glaciers arctiques sont en croissance grâce à une augmentation des précipitations.
Chaque niveau d'accumulation enferme des bulles d'air, des poussières et tous gaz et éléments divers déposés sur sa surface. Une calotte glaciaire devient ainsi une bibliothèque unique, en protégeant dans ses strates l'essentiel des informations climatologiques, géophysiques et biologiques de notre planète. Pollens, cendres, météorites, mais aussi bulles d'air et aérosols, permettent de remonter le fil ténu des modifications et des événements qui se sont déroulés à la surface de la Terre. Éruptions volcaniques, changements de végétation, modifications de la qualité de l'air, variations de température... Autant d'informations précieuses qu'une kyrielle de scientifiques utilise pour étudier l'évolution de notre biosphère et ses climats. Les carottages effectués à la base de Vostok, sur le plateau

Antarctique, ont actuellement fourni des données sur une échelle de plus de 400 000 ans, après avoir atteint une profondeur de 3310 m. Ils mettent ainsi en évidence une variabilité climatique sur la base de cycles de 150 000 ans. Ils montrent également l'effet d'accélération du réchauffement, en corrélation avec l'augmentation des activités humaines polluantes. Ces sondages en profondeur, ainsi que les études satellitaires, ont également permis de déceler la présence de lacs sous-glaciaires. Les étudier sans les polluer, tels sont les nouveaux défis.

Une autre des caractéristiques de l'inlandsis antarctique est la création de plates-formes de glace flottantes. En s'écoulant sur les contours des masses continentales, la glace se déverse dans la mer grâce à des glaciers qui seront à l'origine d'icebergs, mais la flottabilité de la glace lui permet aussi de poursuivre son cheminement sur la mer pendant des centaines de kilomètres. Des plates-formes flottantes, véritables prolongements du plateau antarctique, se sont donc mises en place dans de vastes baies. Elles sont à l'origine des fameux icebergs tabulaires qui se forment lorsqu'une crevasse découpe comme une lame "une tranche" de ce gâteau glacé. Ces "cubes de glace" aux parois parfaitement lisses peuvent être aussi grands qu'un département français.
Contrairement aux icebergs qui dérivent sur les côtes du Labrador, au Canada, en direction du sud, vers une mort certaine, les immenses tables de glace antarctiques tournent autour du continent en se divisant. Vaisseaux éphémères aux proportions gigantesques, ils sont entraînés dans un carrousel qui tourne plusieurs années, et navigueront au gré des courants suivant une spirale qui les mènera en bordure du courant antarctique, à proximité d'une eau plus chaude. Certains atteignent des latitudes proches du trentième parallèle.

Les Manchots papous profitent des dernières glaces de Port Lockroy , l'été austral bat son plein.

◂◂ *Les icebergs tabulaires de cette taille sont typiques de la mer de Ross.*

B15, le plus grand iceberg du monde

Nom de baptême : B15
Date de naissance : mars 2000
Longueur à la naissance : 295 kilomètres
Largeur moyenne à la naissance : 37 kilomètres
Épaisseur moyenne hors de l'eau : 50 mètres
Épaisseur moyenne sous l'eau : 250 mètres
Superficie : 10 600 kilomètres
Nom de la génitrice : plate-forme de glace de Ross

Voici décrit, en quelques valeurs, le plus grand iceberg connu de mémoire d'homme. Certains comparent sa taille à celle du Delaware ou de la Jamaïque ; il est pour nous un peu moins vaste que la région Île de France. C'est le service américain des Glaces (National Ice Center) qui donne le nom, en fonction du secteur, désigné par une lettre de A à D dans lequel naît l'iceberg. Quand il se multiplie, les morceaux de plus de 10 kilomètres de long se voient attribués une lettre supplémentaire.
B15, ce monstre flottant, s'est décroché de la plate-forme de glace de Ross en mars 2000. Sa naissance était attendue, les scientifiques avaient repéré les premières crevasses annonçant l'événement dès 1990.

Le service Canadian Radarsat suivait l'évolution d'une crevasse de 250 kilomètres de long depuis 1997. C'est la partie orientale de la barrière, à l'ouest de la baie des Baleines, qui s'est décrochée. Dans cette zone était arrivé le fameux explorateur norvégien Roald Amundsen, à bord du légendaire Fram, en 1911. Depuis ce point, Amundsen avait remporté la course au pôle, arrivant un mois avant l'équipe menée par Robert Scott, qui, elle-même, ne revint jamais à son ɔoint de départ. D'autres gros icebergs ont vu le jour en 2000, soit en prcvenance de la plate-forme de Ross (B16, B17, B18, B19 et C16), soit ce la plate-forme de Ronne, de l'autre coté du continent.

L'ensemble de ces gros cubes de glace représente 5000 giga tonnes d'eau douce, soit plus d'une année de la consommation totale mondiale couvrant les besoins domestiques, agricoles et industriels.

Depuis le mois de mars 2000, la course de B15 est assez limitée ; il s'est rapidement scindé en deux, donnant B15 A et B15 B. B15 B a rapidement pris le large vers le nord, alors que B15 A se dirigeait vers l'ouest, en compagnie de C16, conçu quelques jours après lui, et qui ne mesure que 15 kilomètres de large sur 43 de long.

En février 2002, B15 A, qui mesurait encore 160 kilomètres de long, est venu se poser entre l'île de Ross, au sud, et l'île Franklin, au nord ;

Ci-dessous B15 est bien ancré sur l'île Ross au sud, il forme une barrière infranchissable.

il barrait ainsi l'accès entre le McMurdo Sound et la barrière de Ross. Véritable mur infranchissable sur plus de 200 kilomètres de long, il empêchait les circulations océaniques. Il faut imaginer cette barrière comme un mur de 50 mètres au-dessus des flots, et 250 en dessous, coupant la Manche entre Le Havre et l'île de Wight. Les courants de surface sont dérivés ; il semble que ce soit la raison pour laquelle le McMurdo Sound, habituellement libre de glace de mer, est recouvert sur plus de 100 kilomètres d'un pack dense.
Cette banquise tardive a obligé les Américains à faire venir exceptionnellement un brise-glace supplémentaire appartenant aux garde-côtes, pour permettre le ravitaillement de la base occupée par 1200 personnes durant l'été.

Pour suivre ce mastodonte qui se divisera en d'innombrables icebergs, les scientifiques américains de la base de McMurdo l'ont équipé de balises satellitaires. Ils sont en effet inquiets : un gros fragment pourrait venir fermer la baie, et ainsi isoler cette petite ville antarctique de sa source principale de ravitaillement.
Mais il ne faut pas voir la genèse de cet iceberg comme ayant une quelconque relation avec des modifications climatiques. Tous les spécialistes de glaciologie antarctique s'accordent pour dire que la séparation de ce type d'iceberg d'avec une plate-forme de glace n'est que le résultat de sa progression et de son développement. D'ailleurs, les températures moyennes enregistrées dans la région ne peuvent être à l'origine de ce phénomène, car elles ne dépassent pas 0 °C. Ces événements se produisent environ tous les dix ans en de moindres proportions. Citons le glaciologue Barrie McKelvey, qui étudie la région depuis 40 ans : "rien ne dit que la naissance de cet iceberg peut être lié à un réchauffement climatique. Connue depuis moins de deux siècles, dans une région où les hommes voyagent régulièrement et se sont installés depuis 50 ans, la barrière de Ross a très bien pu libérer ce genre d'immense iceberg sans que personne n'en sache rien".

En revanche, le décrochement, en janvier 1995, de la partie nord de la plate-forme de glace de Larsen, dans le secteur oriental de l'Antarctique, reflète certainement l'augmentation de température notable dans la région de la péninsule Antarctique, augmentation constatée depuis les années 1940 avec aujourd'hui des températures moyennes proches de 0 °C pendant l'été. Ces températures sont à l'origine de la production d'eau de fonte et de la disparition progressive de certaines langues glaciaires.

Les falaises de glace de B15 semblent taillées à la scie ; sur le plateau, les Pétrels des neiges se regroupent.

Un continent record

La calotte polaire antarctique est vraiment le milieu des superlatifs de la nature : elle produit les plus gros icebergs du monde, mais aussi les vents les plus violents, appelés les "vents catabatiques". Quand les basses couches de l'atmosphère se refroidissent au contact des glaciers, l'air dévale la pente par gravité et s'accélère sur les pentes glacées comme une avalanche. Les vents atteignent des vitesses vertigineuses, allant jusqu'à 300 kilomètres par heure, et peuvent se former très vite, en quelques minutes seulement.

La température la plus basse jamais enregistrée sur terre l'a été sur le continent antarctique. Les hivernants de la base russe de Vostok, installée sur le plateau central, ont mesuré une température record de - 89,6 °C.

Se glisser dans les failles des glaciers, se faufiler entre les icebergs, longer les fronts de glace, autant de sensations qui donnent le vertige dans un paysage sans repères.

La banquise antarctique

Au vu de l'importante accumulation de glace sur le continent, l'étendue et l'épaisseur de la banquise antarctique peuvent paraître dérisoires. La glace de mer ceinture le sixième continent sur une largeur allant jusqu'à 2000 kilomètres et qui s'étend, côté pacifique, jusqu'à 62° S, et, côté atlantique, jusqu'à 52° S, doublant ainsi la surface du continent en septembre. La glace de mer commence à se former en mer de Weddell, en mer de Ross et en mer de Bellinghausen.

Dès que les bonnes conditions climatiques sont réunies, la progression de la nouvelle glace peut être de 60 kilomètres par minute. Durant l'hiver, la banquise progresse de 4 kilomètres par jour vers le nord, ajoutant ainsi 100 000 kilomètres à ce qui existe déjà.

Cette glace circule suivant le régime général des vents et des courants, c'est-à-dire dans un mouvement horaire autour du continent.

Disloquée chaque année, il n'y a pas d'accumulation de glace épaisse et fracturée, comme dans les baies profondes de l'archipel canadien. La glace de mer antarctique est à 90 % de la glace vieille d'un an seulement, d'une épaisseur moyenne de 1 mètre. Certaines zones comme la mer de Weddell sont agitées d'un courant qui vient s'opposer à la circulation générale antarctique. La mer de Weddell a ainsi été le théâtre de la destruction de plusieurs navires d'exploration, tels que l'Antarctic de Otto Nordenskjöld, et le légendaire Endurance de Sir Ernest Shackleton. Lisons, à titre d'exemple, l'hommage rendu à ce navire par le second de l'expédition, Frank Worsley : "La conduite de notre bateau dans les glaces fut magnifique. Depuis que nous sommes cernés, sa fermeté et son endurance sont presque incroyables. Il s'est plusieurs fois trouvé soumis à des pressions d'un million de tonnes ; il s'est alors noblement élevé de l'eau sur la glace, poussé et repoussé une douzaine de fois comme un volant ; ses poutres s'arquaient, ses côtés s'ouvraient et se refermaient, ses flancs pliaient et s'incurvaient. Il gémissait comme un être vivant".

Seuls des brise-glace peuvent tenter de rejoindre certaines côtes isolées du continent antarctique, comme ici à l'ouest du Cap Adare.

On ne peut cependant imaginer, malgré cette éloquente description, les forces incroyables qui sont en jeu lors de l'assaut des plaques de banquise dérivantes. Milliers de tonnes contre milliers de tonnes, elles s'affrontent, entraînées par les courants et les vents comme autant de chevaliers engagés dans un tournoi sans merci. Entre deux joutes, les opposants s'écartent afin de mieux confronter, lors d'un nouvel assaut, leurs arguments. Pourtant, malgré ces mouvements dignes de la tectonique des plaques, la banquise peut accueillir des formes de vie qui ont su s'adapter.

Port Charcot : c'est ici que le Commandant Charcot positionna son premier navire polaire "Le Français" pour y hiverner, voilà 100 ans.

LES "TERRES" ANTARCTIQUES

Sur la péninsule antarctique

Durant l'été austral, la péninsule antarctique accueille une faune d'une grande diversité. La proximité de grandes réserves alimentaires, ainsi que des zones côtières dégagées de glace sont favorables à la mise en place de nombreuses colonies de manchots : à jugulaire, papou, adélie... Otaries à fourrure antarctique, éléphants de mer, phoques crabiers, phoques de Weddell et léopards des mers, sans oublier un grand nombre de baleines à bosses et d'orques, font de cette région un paradis pour les mammifères marins.

Ce sont les baleiniers et les phoquiers – William Smith, Edward Bransfield, Nathaniel Palmer ou James Weddell – qui, dans leur quête incessante de nouveaux stocks à exploiter, furent les premiers à naviguer dans ces eaux dangereuses au début du XIXe siècle. De nombreux îlots, rochers et chenaux font de cette zone un dédale aux multiples embûches. Le baron Adrien de Gerlache puis quelques années plus tard Jean-Baptiste Charcot cartographièrent la côte et les îles à l'ouest de la terre de Graham. Missions risquées et sans gloire comparées aux tentatives pour gagner le pôle Sud, mais un véritable défi relevé par de grands navigateurs, plus attirés par la connaissance que par les honneurs. La toponymie rappelle ces voyages : canal d'Orléans, baie des Flandres, île de l'Astrolabe... Des sites historiques signalent encore le passage de ces explorateurs. Le cairn de l'île Peterman, au débouché du canal Lemaire, supporte une plaque de plomb gravée des noms de l'équipage et du chef d'expédition – le commandant Charcot. C'est dans cette petite baie que tous passèrent l'hiver 1908, à bord d'un navire devenu légendaire, le Pourquoi-Pas ? À Port-Lockroy, refuge de Charcot lors de son premier hivernage à bord du Français, une petite base et un bureau de poste rappelle l'histoire du lieu en accueillant les bateaux de croisière.

L'un des sommets de l'île Peterman porte encore la trace du deuxième hivernage de Charcot avec le "Pourquoi-Pas ?". Les Manchots papous en sont les gardiens.

La mer de Ross

Une autre partie du continent antarctique est visitable par bateau : la mer de Ross. Elle fut découverte en 1842 par l'explorateur anglais James Clark Ross qui lui donna son nom. Pour atteindre le cap Adare, porte d'entrée de la baie, il faut naviguer six jours depuis Christchurch, en Nouvelle-Zélande, ou depuis Hobart, en Tasmanie, et traverser un barrage de dépressions qui enserre le continent comme les épines d'une couronne protégeant un joyau. Là, l'aiguille du baromètre-enregistreur vient souvent flirter avec le bas de l'échelle ; les quarantièmes rugissants et les cinquantièmes hurlants ne sont pas des légendes.
Bordée par la chaîne des montagnes trans-antarctiques, cette grande baie offre un accès privilégié au reste du continent, comme l'avaient imaginé les explorateurs qui souhaitaient arriver au pôle Sud. Au plus profond de la baie, un navire peut aller à la latitude de 76°. Pour le voyageur polaire, atteindre cette latitude, c'est aussi se trouver devant l'un des plus beaux paysages de l'Antarctique, face à l'Erebus.

L'Erebus est en effet le seul volcan actif du continent antarctique. Il culmine à 3794 mètres au-dessus de l'île de Ross, par 77°50' de latitude Sud. Il fut baptisé le 24 janvier 1841 par James Clark Ross, qui, le premier, navigua dans ces eaux qui portent maintenant son nom. L'expédition comportait deux navires confiés par Sir John Franklin : l'Erebus et le Terror. "Erebus" vient de Erebos, en grec, qui signifie " le chaos originel d'avant le monde". Les deux volcans qui barrèrent la route à l'explorateur furent ainsi baptisés des noms des navires. Les pentes parfaites de l'Erebus font de cette montagne un véritable volcan pour livre d'école ; son voisin, le Terror, est plus calme et moins haut. L'Erebus est l'un des trois volcans au monde dont le cratère est en permanence occupé par un lac de lave d'une qualité très rare. Surveillé en continu par une caméra depuis la base de McMurdo, située à quelques kilomètres, ce lac est sans cesse pris de soubresauts, de pulsions.

Au pied du volcan, la cabane que l'équipe de l'explorateur Edward Shackleton avait érigée comme base lors de leur tentative vers le pôle, est toujours en place presque 100 ans plus tard. C'est de cette baraque préfabriquée que les premiers vainqueurs de l'Erebus sont partis. Le 10 mars 1908, six hommes atteignirent le sommet. C'est aussi de cette base que Shackleton et trois de ses compagnons tentèrent une nouvelle fois d'atteindre le pôle Sud. À 150 kilomètres du but, le chef d'expédition eut la sagesse de battre en retraite, persuadé que la victoire leur coûterait la vie. Au retour, il écrivit à son épouse, comme pour justifier sa défaite : "J'imagine que vous préférez un âne vivant qu'un lion mort". Sur place, le visiteur a l'impression que le Nimrod – le bateau de l'expédition – vient de quitter les lieux, emportant vers l'Angleterre les glorieux explorateurs. Tout est intact, ou presque : sac de couchage, vaisselle, matériel d'expédition, mais aussi boîtes de conserve et boules de mimolette.

Les paysages de la péninsule antarctique, comme ici, sont bien différents de la mer de Ross. Véritable prolongement de la Cordillère andine, ces montagnes escarpées culminent à plus de 1000 m.

Au cap Evans, une autre construction rappelle le passage d'un grand explorateur anglais : Robert Falcon Scott. La cabane, plus grande, plus organisée et plus hiérarchisée, nous laisse deviner l'atmosphère de ces communautés d'hommes mus par l'irrésistible volonté de conquête, comme si les froids polaires avaient figé l'histoire dans ce qu'elle a de plus glorieux. Tous ces "monuments" de l'histoire antarctique sont conservés pieusement par les Néo-zélandais en charge des sites.

Plus tard, en continuant sa route vers l'est, James Ross se trouva face à un mur de glace parfaitement vertical. Parti à la recherche du pôle sud magnétique, après avoir atteint le nord magnétique quelques années auparavant, il détermina, par les mesures, que ce point se trouvait en fait sur le continent antarctique, inaccessible pour lui. Il longea cette barrière sur 800 kilomètres avant de remettre cap au Nord. Or cet obstacle n'est autre que le front de la plate-forme de glace de Ross qui est un immense glacier flottant. Elle s'étend vers le sud sur 1000 kilomètres. Sa superficie est environ celle de la France. Son épaisseur varie de 300 à 700 mètres, en se dirigeant vers le sud. Cette glace vieille d'au moins 5000 ans provient de la calotte polaire orientale, épaisse de 3000 à 4000 mètres. C'est de cette barrière qu'Amundsen quitta le Fram pour atteindre le pôle Sud le 16 décembre 1911, un mois avant l'anglais Scott qui mourut au retour avec ses coéquipiers. Le Norvégien n'a pas laissé de traces sur le continent, mais il vainquit le pôle. Scott, lui, eut la gloire.

Le sommet de l'Erebus est comme un Graal pour le voyageur polaire ; situé au fond de la mer de Ross, le contempler est un privilège.

La cabane construite par l'équipe de Shackleton en 1908 est toujours intacte.
Les box pour les poneys, les caisses de nourriture, témoignent de cette époque héroïque.

Les vallées sèches

Au sein de ce continent glacé se cache une particularité géologique unique sur notre planète. Les géologues l'ont appelée les "Vallées sèches". Elles furent découvertes par Robert Falcon Scott durant l'une de ses missions exploratoires, en décembre 1903. Voici ses premières impressions : "Je ne pouvais imaginer que cette vallée fût un endroit si magnifique. Nous avons observé aujourd'hui tous les indices des actions considérables et colossales de la glace et de l'eau, et, cependant, aucun de ces agents n'est visible. Il est intéressant de remarquer également que nous n'avons vu aucun signe de vie ni même une mousse ou un lichen. Le seul que nous ayons trouvé, loin au milieu des amas de moraines, fut un squelette de phoque de Weddell ; la manière dont il est venu ici nous laisse dans le doute. C'est certainement une vallée de la mort ; même le grand glacier qui un jour la traversait a disparu".

Situées essentiellement sur la côte ouest de la mer de Ross, ces vallées glaciaires sont le résultat de la friction entre les deux plaques qui forment le continent antarctique. L'érection de la chaîne de montagnes trans-antarctiques a coupé de leur source des glaciers qui s'écoulaient vers la mer de Ross. Privées d'alimentation en glace et soumises à des vents violents en provenance de la calotte polaire occidentale, ces vallées se sont asséchées par sublimation, et non par fonte ; certains de ces sites n'ont ainsi pas connu de précipitation depuis deux millions d'années.
Les vents d'une extrême violence, qui peuvent atteindre plus de 150 kilomètres par heure, sculptent et polissent les rochers et la moindre pierre comme le ferait un marbrier perfectionniste. Un minuscule gravier qui s'immisce au sein d'une petite cavité dans un rocher devient, sous l'effet du vent, un incroyable moyen de forage, qui, en tourbillonnant dans son logement, arrache grain par grain la matière minérale. Un phénomène cependant est particulièrement curieux dans cet environnement absolument désertique, où les seules formes de vie qui ont pu croître sont des algues unicellulaires, des bactéries et des vers nématodes fixés à l'intérieur des roches métamorphiques : la découverte de carcasses de phoques à des dizaines de kilomètres de la mer. L'une des hypothèses évoquées, pour expliquer cette présence de phoques momifiés, trouve son origine dans la présence de lacs d'eau saumâtre en amont des vallées sèches. Le vent chargé de sel aurait en effet troublé le système d'orientation des jeunes phoques. Ceux-ci, croyant se trouver sur la direction d'un trou d'eau leur permettant de plonger à travers la banquise, auraient remonté les vallées sans jamais retrouver la mer et auraient été desséchés par les vents violents.

Quoi qu'il en soit, ces vallées sont parmi les sites les plus protégés du monde. Elles sont d'une importance considérable dans divers domaines d'études, comme l'étude de la vie et de son développement dans un milieu d'une extrême aridité. Ainsi, la présence des scientifiques et de quelques touristes dans ces sanctuaires à l'écosystème fragile peut occasionner des bouleversements sans précédent. L'importation d'espèces animales ou végétales sur les vêtements ou sous les bottes des visiteurs en est un, par exemple. C'est pourquoi des précautions draconiennes sont exigées avant l'accès comme, entre autre, le nettoyage et la désinfection des bottes. Dernièrement, les découvertes les plus récentes mettent en évidence que la température moyenne dans ces vallées a chuté de 1 °C, contrairement à l'ensemble du globe.

Les Manchots papous marsouinent à grande vitesse pour rejoindre leur colonie alors que les Manchots Adélie (ci-contre) se dandinent en ligne.

UNE FLORE ET UNE FAUNE UNIQUES

La faune marine antarctique a dû s'adapter aux variations saisonnières des eaux océaniques qui ceinturent le continent, l'été par un océan agité, l'hiver par une banquise uniforme.
Des algues se développent sous la glace de mer printanière, créant de véritables prairies que nombre d'invertébrés viendront brouter. Le " krill " est un nom générique pour désigner l'ensemble des crustacés brouteurs, dont l'espèce la plus fréquente est Euphausia superba, l'espèce animale la plus populeuse au monde, longue de 6 à 7 centimètres. Ce krill est la base de l'alimentation de nombreuses espèces de poissons, manchots, phoques et baleines. La grande particularité du krill est de former des bancs d'une densité incroyable, avec 60000 individus par mètre cube d'eau, représentant une biomasse de 60 kilogrammes. Parfois, la nuit, les eaux antarctiques se teintent de rose, colorées par la luminescence de millions de crustacés, comme pour faire pâlir d'envie le vert des aurores australes. Un peu plus d'une centaine d'espèces de poissons vit à l'intérieur de la convergence antarctique. Ils se nourrissent principalement de krill. Leur croissance est lente. Ils ont développé des adaptations uniques pour conquérir ces eaux exigeantes : production d'antigel pour certains, consommation minimale d'oxygène, au point de se passer d'hémoglobine pour la transporter, pour d'autres... Autant de moyens pour survivre dans un environnement extrême.
Il est évident que le krill et les poissons antarctiques sont déjà au menu de certaines populations, comme les Japonais. Ceux-ci piochent dans la masse du zooplancton et les bancs de poissons, comme l'ont fait d'autres pays dans les stocks de morues arctiques, sans se soucier de sauvegarder des espèces dont on connaît à peine les cycles vitaux ou les populations. Ainsi, de prétendues "nouvelles" espèces apparaissent sur les étals : la légine, l'empereur... Sous des appellations commerciales attrayantes se dissimulent en fait des espèces rares.

Sur le continent le plus froid, le plus venté et le plus sec du monde, la flore et la faune a dû développer des trésors d'adaptation pour s'installer. Des algues unicellulaires ont réussi à coloniser la glace et la neige. Des taches roses parfaitement anachroniques dans ce paysage blanc signalent leur présence. Les lichens – famille très bien représentée avec 200 espèces – profitent des rochers les mieux exposés au soleil estival. Ces véritables capteurs solaires permettent d'atteindre des températures dépassant les 10 °C, température largement suffisante au développement modeste des plantes cryptogames. D'autres profitent des nutriments disponibles à l'intérieur ou en périphérie des colonies de manchots.
Peu de plantes vivaces résistent aux rigueurs du climat antarctique : 25 espèces, et seulement deux plantes à fleurs, se sont adaptées. Elles ne peuvent néanmoins se développer que sur certaines zones au climat privilégié de l'archipel des Shetland du sud.

Du côté de la macrofaune, seules des espèces marines ou amphibies à fort rayon d'action et aux mœurs pélagiques ont pu coloniser l'Antarctique : pétrels, manchots, otaries, phoques et baleines. Durant l'hiver, le continent est absolument dépourvu de vie animale, à l'exception de la nidification des manchots empereurs, qui, au contraire, utilisent cette longue période pour couver leur unique poussin. Ce dernier profitera de l'été pour atteindre la taille suffisante à son émancipation. Quand arrivent les premiers signes de dislocation de la glace de mer, les oiseaux nicheurs vont rejoindre les côtes. Les phoques inféodés à la glace de mer suivent les mouvements saisonniers de la banquise, en restant en bordure de celle-ci. L'été, on les retrouve sur les plages où ils profitent du soleil.

Baleine à bosse (double page suivante), Orque (ci-dessus) et Rorqual de Minke aiment à venir voir les navires qui traversent leur territoire.

Les manchots antarctiques

Pour beaucoup, les manchots symbolisent les côtes glacées du continent Antarctique. Il est vrai que 4 espèces vivent en grand nombre principalement sur la péninsule ; cependant, il ne faut pas oublier les 13 autres espèces qui se sont dispersées sur les archipels et îlots de l'hémisphère sud, des Galapagos situées sur l'équateur jusqu'aux îles sub-antarctiques.

Proche cousin des grands voiliers que sont les pétrels et les albatros, les manchots ont perdu la faculté de voler dans l'air au profit de celle de "voler sous l'eau". Ils se sont installés sur des îles dépourvues de prédateurs terrestres et ont optimisé leur déplacement sub-aquatique au point de ne plus pouvoir décoller. Le plus rapide de tous, dans le milieu marin, est le manchot papou, dont les pattes sont tellement refoulées vers l'arrière que l'on a toujours l'impression qu'il va tomber en avant.

Le plus élégant, avec son liseré noir sous le menton, est le manchot à jugulaire, également le mieux représenté dans les îles proches du continent. Certaines colonies sont ainsi constituées de plusieurs centaines de milliers d'individus, comme sur les îles Déception et Signy.

Le manchot Adélie porte le nom de la femme de l'explorateur français Dumont D'Urville, qui aborda le continent antarctique, ou au moins les îles qui le bordent, au niveau de l'actuelle base antarctique française, en 1840. Ce manchot représente l'espèce de manchot la plus australe et la plus populeuse sur le continent lui-même. Ses colonies sont dispersées sur l'ensemble du pourtour du continent.

Les trois espèces de manchots arrivent sur les lieux de ponte alors que la neige est encore présente ; l'été antarctique est fugace et ils doivent en profiter au maximum.

Le couple formé, un nid – ou plutôt une cuvette de gravier –, est mis en place à distance des coups de bec du voisin, unité de mesure pour une cohabitation pas toujours pacifique. Le mâle transporte dans son bec des petits cailloux qu'il dépose délicatement autour de la petite dépression, élément qu'il aura prélevé chez le voisin avant qu'un autre de ses congénères le lui ravisse à son tour.

Un va-et-vient s'instaure alors entre la mer et la zone de nidification. Des colonnes d'adultes partent à la pêche ; d'autres en reviennent. À chaque retour, c'est la carte d'identité sonore propre à chaque individu qui permettra à l'adulte de retrouver son poussin et son partenaire. Malgré le nombre de couples et l'immensité de ces populeuses cités, les jeunes sont nourris régulièrement, du moins lorsque l'adulte n'a pas fait une mauvaise rencontre avec un orque ou un phoque léopard. Dès la jonction réalisée entre l'adulte, qui revient de la pêche, et les poussins affamés, une série de comportements de harcèlement s'ensuit. Finalement, le parent pourra régurgiter une bouillie de calmars, de krill ou de poisson suivant l'espèce. Il faut aussi que les adultes protègent leur progéniture contre les attaques incessantes des skuas.

Ces Manchots papous ont élu domicile au sommet de l'île Danco, ici la neige libère plus vite l'espace pour nicher. Le Manchot Adélie se contente des graviers de la plage.

Les Manchots à jugulaire sont les plus nombreux dans les îles proches du continent. Ils peuvent constituer des colonies de plusieurs centaines de milliers d'individus.

La lumière dorée d'une soirée australe vient baigner ces Manchots papous pour une fois au repos.

Le Pétrel géant est le grand nettoyeur des plages antarctiques, il se nourrit des carcasses de mammifères marins et de manchots.

Le plus grand, le plus emblématique et aussi le plus inaccessible des manchots est sans aucun doute le manchot empereur. Majestueux de par la taille et souverain de par son mode de vie – contrairement à ses cousins de plus petite taille vivant aux abords du continent –, l'empereur couve pendant l'hiver. Après la ponte, la femelle transmet l'œuf à son partenaire qui le glisse dans un repli abdominal. Comme le manchot royal, le mâle passera plus de 100 jours dans l'attente de l'éclosion. Au plus froid des blizzards de l'hiver, et au plus sombre de la nuit polaire, les couveurs se rassemblent pour faire front face aux rigueurs antarctiques.
Les plus grandes colonies se situent en mer de Weddell et en mer de Ross.

Les phoques et les otaries

Familles typiques des eaux froides, les phoques ont trouvé un refuge sous les plus hautes latitudes de l'hémisphère sud. Leurs ancêtres sont originaires des eaux chaudes des Antilles.

À la faveur de l'ouverture de l'isthme panaméen, il y a quelques millions d'années, les phoques ont rejoint le Pacifique. Mais ils se sont trouvés confrontés à une autre famille animale que l'adaptation avait fait converger vers les mêmes latitudes : les otaries. Moins opportunistes, les phoques ont été contraints de se disperser vers le grand Sud et d'atteindre un continent que leurs aptitudes leur ont permis de coloniser.

Plusieurs espèces se partagent à présent les côtes de l'Antarctique, sans oublier les quelques éléphants de mer venus des îles sub-antarctiques pour muer sur les plages de l'archipel des Shetland du sud.

- Le moins commun, pour ne pas dire le plus rare des phoques est sans aucun doute le phoque de Ross. Solitaire, sa population est dispersée : il est donc très peu connu des scientifiques. Petit et trapu, il se nourrit de calmars en bordure de la banquise.

- Le phoque crabier, comme son nom ne l'indique pas, ne se nourrit pas de crabe mais de krill. Muni d'une denture spécifique, véritable grille pour filtrer les animalcules, il écume les eaux côtières du continent. C'est l'espèce la plus représentée avec une population de 15 millions d'individus ; ils sont si nombreux, au regard de certains, que des industriels de l'alimentation lorgnent sur cette source de protéine.

La baie du Paradis est l'un des plus beaux sites de la péninsule antarctique, les Phoques crabiers y sont fréquents sur les petits icebergs.

- Le phoque de Weddell est sans aucun doute le plus placide et le plus coopérant des phoques. Il a beaucoup apporté aux biologistes qui étudient l'adaptation aux profondeurs et aux milieux extrêmes. Ainsi, les premières mesures de profondeur et de durée d'apnée réalisées avec un phoque de Weddell firent sursauter les chercheurs : la plongée fut enregistrée à 600 mètres, et dura 80 minutes... Depuis, les éléphants de mer ont battu très largement ces records.

- Le phoque léopard est le deuxième grand prédateur après l'orque sur les côtes du continent blanc. Avec une tête de reptile et un corps qui n'en finit pas, le léopard de mer est la terreur des manchots. Armé d'une mâchoire très impressionnante, il s'attaque aussi aux jeunes phoques, voire aux hommes. Ses dents ressemblent beaucoup à celles du phoque crabier et servent en général également de filtres à plancton (50 % de son alimentation), mais elles sont redoutables lorsqu'elles se plantent dans le corps d'un manchot.

- Enfin, l'otarie à fourrure antarctique vient se perdre sur les côtes antarctiques, essentiellement dans l'archipel des Shetland du sud. Elle est très populeuse en Géorgie du Sud, malgré l'acharnement que les phoquiers ont mis à exploiter au maximum les colonies pendant des décennies. Réduite à une population de quelques dizaines d'individus, elle a alors profité de la disparition des baleines. Mais ce phénomène a offert à ces mangeurs de krill une manne considérable, au point que la population d'otaries s'est finalement multipliée, risquant d'araser la végétation côtière sur certaines îles.

Les Eléphants de mer ne sont visibles que sur les îles subantarctiques où ils viennent muer alors que le Phoque de Weddell est très fréquent en solitaire.

Leningradskaya, la petite Leningrad ; cette base russe abandonnée témoigne de l'acharnement des grandes puissances à vouloir contrôler un continent qui n'appartient qu'à l'humanité.

LA PRÉSENCE HUMAINE EN ANTARCTIQUE

L'occupation du continent antarctique s'est faite par vagues. Les baleiniers, au début du XIXe siècle, furent suivis dans les années 1840 par plusieurs explorateurs : Wilkes, Ross, Dumont d'Urville… Après une longue période d'oubli liée à un grand effort d'exploration dans l'Arctique, la course au pôle, qui se termina en 1912, fut le moteur des principales expéditions. Les Années polaires internationales, et les Années géophysiques furent les prétextes de grandes opérations d'explorations géographiques et scientifiques, repoussant, à chaque nouvel effort concerté, les limites de la connaissance et supprimant autant de zones inconnues sur les cartes. Les Américains ont rapidement compris que le sixième continent pouvait avoir une importance stratégique : ils firent un effort considérable, après la Seconde Guerre mondiale, en employant matériel et militaires pour compléter la cartographie du continent. L'Année géophysique internationale de 1957-1958 fut le prétexte à l'installation de nombreuses bases, chaque pays voulant, dans un but d'abord politique, s'octroyer une portion du gâteau antarctique, les Américains s'accaparant la cerise, évidemment, en installant la base Amundsen-Scott par 90° de latitude Sud.

36 bases sont aujourd'hui encore installées un peu partout, principalement sur la péninsule antarctique, plus proche de l'Amérique du Sud. Cette relative accessibilité de la péninsule a permis l'installation de nombreuses stations plus ou moins opérationnelles : Argentins, Anglais, Américains y entretiennent des équipes toute l'année. En revanche, les bases ukrainiennes, chiliennes, polonaises ne fonctionnent que l'été, voire plus du tout. Ces bases poursuivent, suivant les volontés des pays, des programmes de recherche et des suivis météorologiques.

Ailleurs sur le continent et ses côtes, des bases scientifiques se sont installées dans des zones très isolées, voire sur la calotte polaire elle-même. Citons les bases de Vostok, le Dôme C (base franco-italienne). Mais c'est en mer de Ross que la plus grande base a été installée : la base américaine de McMurdo. Laboratoire de biologie marine ultramoderne, dévolu à la recherche géologique et glaciologique, et services annexes liés au ravitaillement de la base polaire occupent 1200 personnes l'été.

Des avions font régulièrement le trajet de cette base à la Nouvelle-Zélande. Parfois, certaines de ces bases étaient tellement isolées qu'elles ont dû être abandonnées, telle la base de Leningradskaya, fondée par les Soviétiques en 1970, et abandonnée en 1989. Située à l'ouest de la chaîne trans-antarctique, entre le cap Adare et la base française de Dumont D'Urville, cette base a un positionnement incroyable : posée au sommet d'une falaise de 300 mètres de haut, coincée entre des langues de glaciers, avec en arrière plan les milliers de kilomètres du plateau polaire... Aucune raison scientifique ne peut expliquer cet emplacement d'une dangerosité extrême pour les occupants et d'un isolement insensé. Station météo, magasins d'équipements, chambres, salle de réunion pour les cours sur le Parti communiste, cabinet dentaire sont dispersés dans une bonne dizaine de bâtiments reliés par des câbles. On peut difficilement imaginer la vie de ces équipes, isolées du monde par des milliers de kilomètres de glace et d'océan. Des autochenilles restent et resteront perchées ici à jamais, et des morceaux d'hélicoptère jonchent le sol, débris d'un accident certainement meurtrier. En quittant les lieux, les derniers occupants ont tout laissé derrière eux, comme si le départ avait été précipité : brosses à dents dans les gobelets, magazines et photos des proches, accordéons et balalaïka... Leningradskaya, ou "la petite Léningrad", trône au sommet de sa falaise comme une base fantôme, témoin de la course au positionnement stratégique sur le 6e continent. D'autres bases suivront peut-être ce chemin, s'il n'y a plus de crédit pour la recherche.

Depuis quelques années, les bateaux de croisière ont remplacé les voyageurs au long cours. Les récits de voyage, les documentaires de l'équipe Cousteau ou de Jean-Louis Étienne invitent à la découverte. L'afflux de visiteurs attirés par les glaces de l'Antarctique est constant. Une régulation et un code d'éthique mis en place par les organisateurs de voyage eux-mêmes permettent d'assurer la pérennité de l'activité tout en préservant l'environnement. Tous les visiteurs reviennent de ces voyages complètement éblouis par l'immensité des paysages et la profusion de la faune.
Accompagnés par des naturalistes spécialisés, ils découvrent sur place ce que les reportages et les livres leur ont d'abord appris. Ils reçoivent par la même occasion les informations nécessaires pour mieux comprendre et aider à faire protéger ces territoires uniques et fragiles. Des milliers de visiteurs débarquent souvent à proximité de colonies de manchots ou de groupes de phoques, mais cela ne semble pas perturber l'équilibre millénaire, dans lequel l'homme absent depuis toujours ne peut intervenir.

PETITE HISTOIRE DE LA PHOTOGRAPHIE POLAIRE

Gris, bleu, blanc, camaïeu de rose, dégradé de brun et d'ocre... Les couleurs des régions polaires sont des palettes insaisissables : Véronèse y aurait perdu ses bleus, Victor Hugo aurait pu découvrir ses lavis lugubres dans ces lumières polaires changeantes et imprévisibles, car elles sont faites pour le peintre ou le photographe. Les premiers tableaux polaires datent de 1577. Ils furent réalisés lors de l'expédition de Martin Frobischer sur les côtes du Labrador : on y trouve un portrait d'Inuit, un paysage avec kayak. Ces visuels, très proches de la réalité, sont les premiers témoignages picturaux de la rencontre des explorateurs avec le monde polaire, première pierre d'une œuvre artistique qui perdure de nos jours.
Les expéditions polaires qui explorèrent l'Arctique puis l'Antarctique furent toutes accompagnées d'un peintre. Véritable narrateur, peintre pas toujours talentueux, mais témoin oculaire, ses fonctions étaient multiples : dessiner le profil des côtes, reproduire les échantillons, noter les couleurs des spécimens, collectionner les portraits des populations locales, les objets... Parfois aussi, il devait faire l'apologie du chef d'expédition ou du commanditaire. Hamilton, Bradford, Church, Biard, Wilson, Marin Marie sont les grands noms de cette lignée de peintres voyageurs. Les éléments de leurs compositions sont souvent les mêmes : icebergs, banquises et bateaux. Chacun à leur manière, ils ont retranscrit sur la toile leurs émotions face à ces lumières. Avec les mêmes couleurs, ils ont traduit le froid, l'isolement, la tempête, la crainte et la beauté de ces espaces ; leur talent a fait la différence.

Il y a 150 ans, un nouveau moyen de saisir et de montrer ces paysages et ces moments polaires est apparu : la photographie. Le premier appareillage photographique embarqué à bord d'une expédition polaire date de 1 853, mais aucun résultat ne fut visible.
S'ensuivirent alors de nombreuses tentatives ; l'équipement photographique devint un élément indispensable dans toutes les expéditions. Malgré la taille imposante des chambres photographiques et la fragilité des plaques, des hommes sont partis à la conquête des pôles et ont ramené des images devenues des documents inoubliables. L'expédition de la Belgica, en 1898, menée par le Belge Adrien de Gerlache fut la première à utiliser la photographie au sud du cercle polaire antarctique.

Deux photographes notamment brillent au firmament de la photographie polaire : Herbert Ponting et Frank Hurley. Ils ont participé respectivement à deux des plus mythiques expéditions antarctiques. Ponting fut témoin du départ de Scott lors de sa tentative fatale pour atteindre le pôle Sud, et Hurley fut l'un des acteurs de la plus extraordinaire aventure polaire jamais racontée en images : la destruction de l'Endurance et l'errance de son équipage sur la banquise de la mer de Weddell. Cependant, ils ne sont pas devenus célèbres seulement grâce à leurs prestations photographiques, même si celles-ci représentent à elles seules un exploit, mais aussi grâce à leur maîtrise des lumières et aux qualités artistiques de leurs travaux. Passionnés et opiniâtres, ils photographièrent en toutes circonstances. Disposant uniquement du noir et blanc, ces deux photographes aventuriers ont su traduire avec leur sensibilité personnelle les moments forts des expéditions, mais ont aussi laissé des paysages d'une beauté inégalée. Le laboratoire où Ponting exerçait son art est toujours intact dans la cabane de cap Evans, sur l'île Ross, au pied du mont Erebus, comme si le volcan gardait les outils qui ont su traduire sa perfection.

Durant les expéditions du commandant Charcot, le poste de photographe fut confié à divers collaborateurs : Pléneau, Drach, et d'autres encore, qui collectionnèrent, les uns après les autres, les images du Français, puis du Pourquoi-Pas ? dans les glaces de la péninsule antarctique ou sur les côtes du Groenland. Suivant le but de l'expédition, le photographe en titre avait la lourde tâche de rendre compte et d'illustrer le récit du chef d'expédition.
Parfois, comme avec le duc d'Orléans, le photographe devait témoigner en images du carnage de la faune locale. Mais le plus souvent, l'image était un moyen de montrer au plus grand nombre la beauté et la difficulté d'explorer ces régions. Les grands explorateurs comme Amundsen et Shackleton devaient faire des cycles de conférences pour financer leur expédition et trouver des partenaires. Les photographies étaient alors indispensables.

Carnets de voyages, séries de portraits ethnographiques, comme les magnifiques travaux de Théodore Krabbe, au Groenland, témoignages d'accidents (Salomon André), voire preuves en cas de litige (Peary, au pôle Nord), les photographies des pôles nous restituent des moments, des ambiances, et la vie des acteurs de cette incroyable épopée qu'est l'exploration polaire.

Depuis quelques années, les régions polaires s'ouvrent aux curieux de nature, et la photographie reste une des activités les plus excitantes de ces voyages. Comment ne pas vouloir prendre la définition de la photographie à la lettre, c'est-à-dire "écrire avec la lumière", lorsque l'on est confronté à la magnificence des lumières polaires ? Il suffit de lire ces quelques lignes, extraites de "Quinze mois dans l'Antarctique", le livre qu'Adrien de Gerlache rédigea après son hivernage réussi en Antarctique, pour s'en convaincre :
"Le temps est clair et, le soir, jailli soudain à l'horizon dans le nord/nord-est, un vif éclat rouge : c'est la lune. Peu à peu elle émerge, toute déformée par la réfraction ; elle présente des contours bizarres et illumine l'admirable panorama qui nous environne.
Quel poète chantera jamais la splendeur de ce monde polaire ?
Quel langage humain pourra jamais évoquer sa magie ? Nous restons sous le charme de ce spectacle que l'imagination est impuissante à concevoir, que ma plume ne saurait décrire. Plus qu'en aucun pays de la terre, la lumière ici a des caprices imprévus et merveilleux ; le monde morne et désolé qui nous entoure, soudain, comme la baguette d'un magicien ; elle le transforme en séjour féerique, aux éblouissements de rêve ; puis tout retombe à son aspect si impressionnant de monde chaotique et mort".

Que ces lumières vous entraînent à votre tour à la découverte des plus hautes latitudes de notre planète.

ARCTIQUE

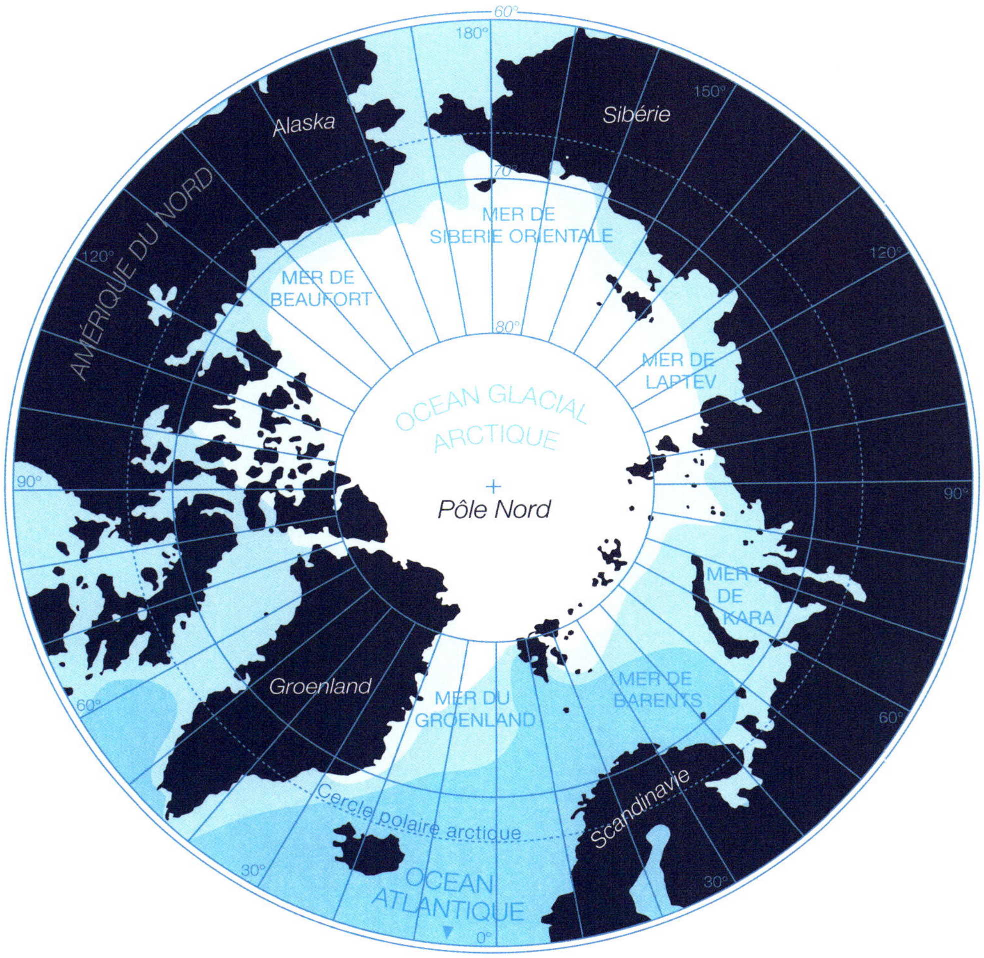

ANTARCTIQUE

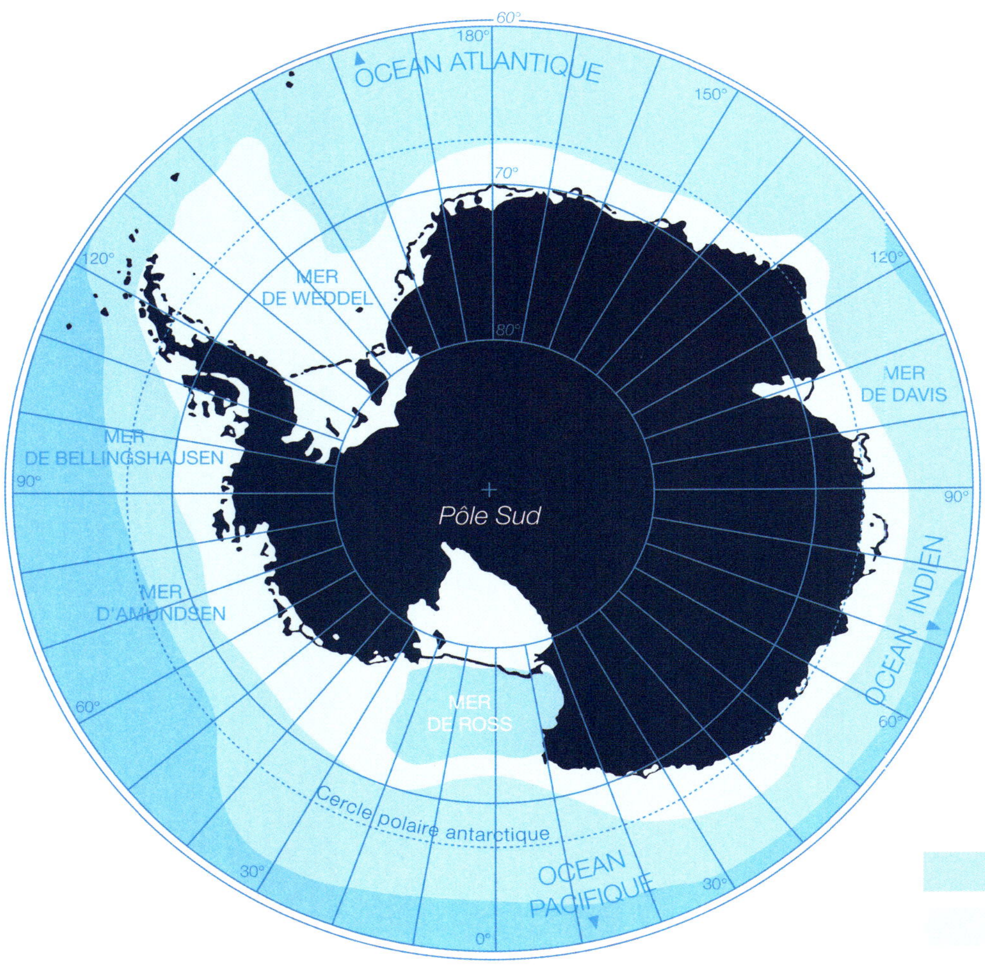

Extension de la banquise en été

Extension de la banquise en hiver

LES PROPORTIONS D'UN ICEBERG

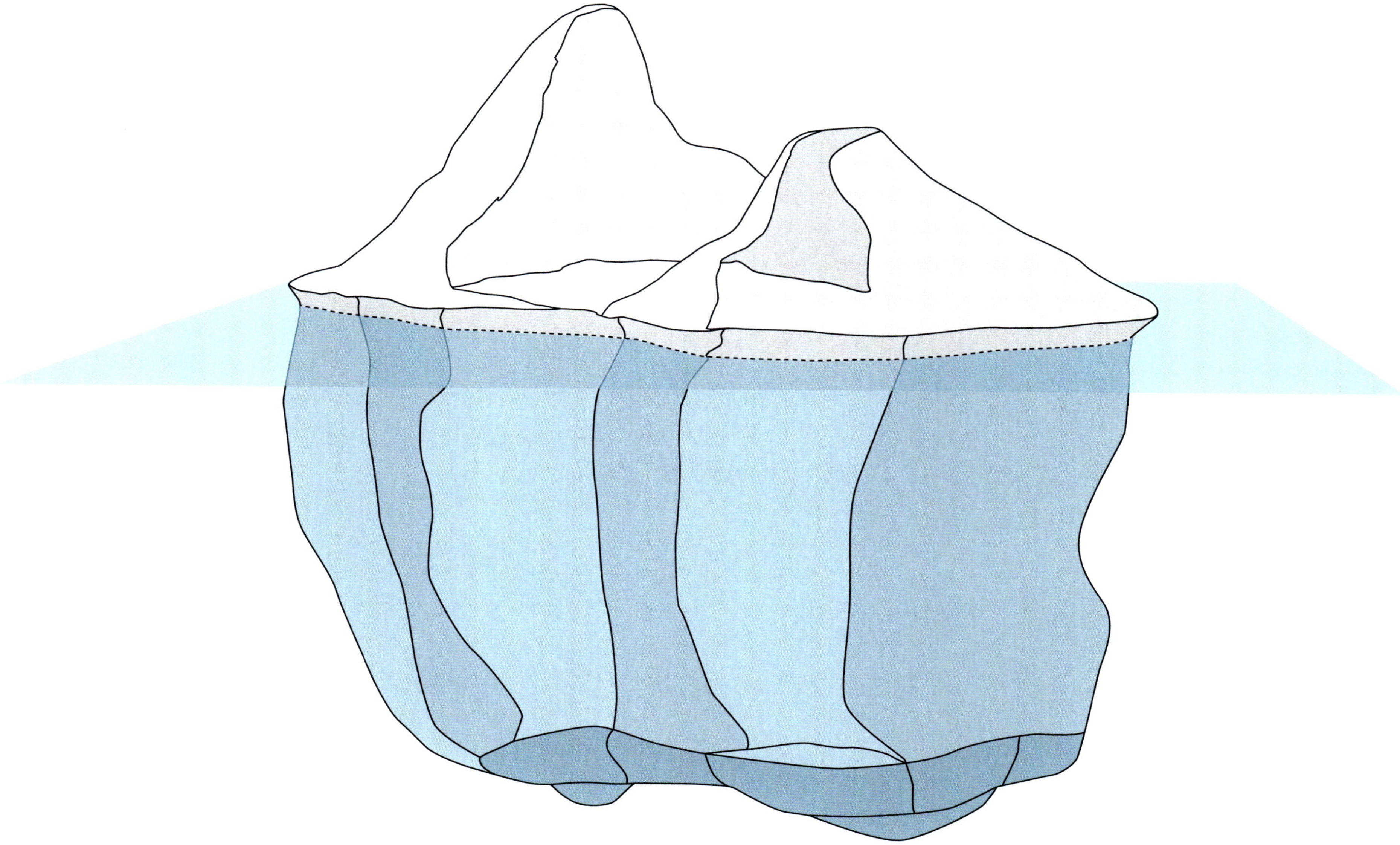

Les icebergs sont constitués de glace résultat de l'accumulation de la neige sur les glaciers. De l'air est emprisonné entre les grains de glace ce qui fait que ces montagnes de glace flottent. Il faut considérer que la partie visible correspond à environ 1/5 du volume total.

Conception et réalisation
BOWER ©
Elsa Hallak
3, place aux huiles - 13001 Marseille

Réalisation graphique et photogravure
ENCRE BLEUE
16A, rue des Abeilles - 13001 Marseille

Impression
Gráficas 94
08192 Sant Quieze del vallès/ Barcelona

Contact Rémy Marion : www.polesdimages.fr

Toutes les images de ce livre ont été réalisées sur films diapositives sans aucun filtre ni modification informatique.

PHOTOS :

Toutes les images de ce livre sont de Rémy Marion à l'exception des pages 45, 52, 72 (5 photos), 74/75, 84, 91, 174, 176 et 181 qui sont de Catherine Marion.

REMERCIEMENTS :
Je tiens à remercier tout particulièrement deux personnes sans lesquelles ce livre n'existerait pas : Jean-Luc Albouy, le "Boss" de Grand Nord/Grand Large pour m'accorder sa confiance depuis bientôt 20 ans et Nicolas de Cointet qui a porté le "Pôles" sans faiblir.

La liste des personnes qui m'ont aidé ou accompagné durant ces 45 derniers voyages est bien trop longue mais qu'ils sachent que je les remercie de leurs soutiens et de leurs compagnies.

Achevé d'imprimer en Août 2004
Dépôt légal Septembre 2004
ISBN 2 7191 0698 4

SONS DES PÔLES

Rémy Marion
Fernand Deroussen

SUR LA ROUTE DES PÔLES

1. Tonnerre de glace	1'51
2. Cœur d'iceberg	2'47
3. Givre pétillant	2'12
4. Le pack	1'42
5. Avancée dans le pack	1'37
6. Souffle de baleine	1'35
7. Vent polaire	2'43

ANIMAUX DE L'ARCTIQUE

8. Loup de la toundra	1'21
9. Morse	3'32
10. Plongeon catmarin	1'20
11. Plongeon imbrin	1'35
12. Sterne arctique	2'02
13. Fulmar boréal	2'20
14. Mouette tridactyle	2'26
15. Mergules nains en colonie	1'57
16. Bruant des neiges	1'58

ANIMAUX DE L'ANTARCTIQUE

17. Lion de mer	1'18
18. Eléphant de mer	2'06
19. Albatros à sourcils noirs	2'09
20. Gorfou sauteur	1'16
21. Gorfou de Schlegel	0'50
22. Manchot Adélie	1'30
23. Manchot à jugulaires	1'29
24. Manchot de Magellan	1'36
25. Manchot papou	1'20
26. Manchot royal	1'08

Durée : 47'50
Enregistrements : Fernand Deroussen (de 1 à 16)
Rémy Marion (de 17 à 26).
Suivi de fabrication disque :
Hervé Millancourt/ L'Oreille Verte
Réf. NHV850018-2